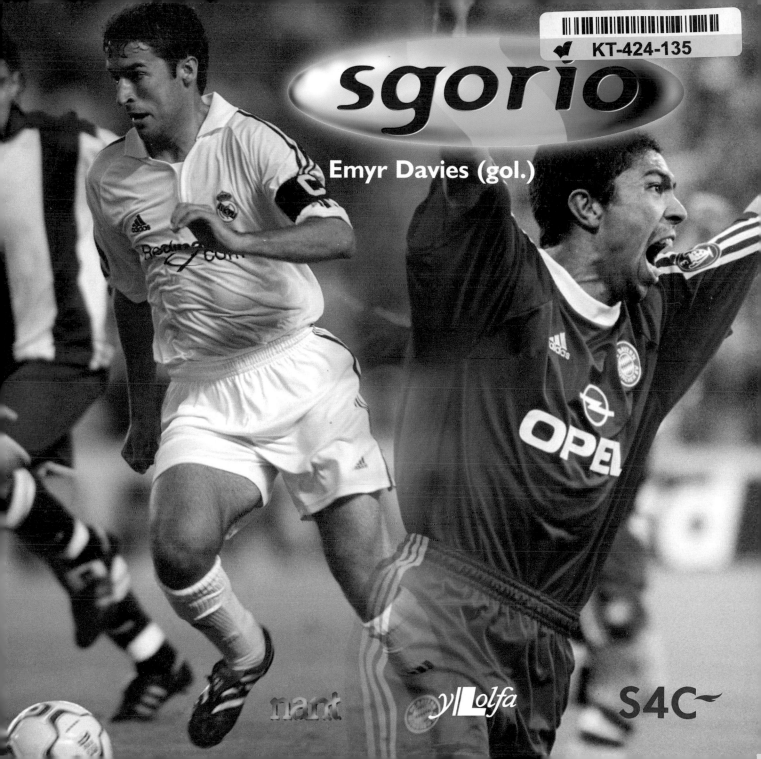

# sgorio

**Emyr Davies (gol.)**

nant    y Lolfa    S4C

**Diolch arbennig i:**
**Arthur Emyr**
**Amanda Protheroe-Thomas**
**Rhian Williams**
**Dyfrig Gwent**
**Marc Rees Jones**
**S4C**

Argraffiad cyntaf: 2001
ⓟ Hawlfraint Ffilmiau'r Nant a'r Lolfa Cyf., 2001

Golygyddion: Emyr Davies, Morgan Jones, Lefi Gruffudd
Lluniau: Ffilmiau'r Nant, Allsports, S4C, Colorsport
Diolch i D.Rowlands am lun o Morgan ar dudalen 62
Dylunio: Ceri Jones

Rhif Llyfr Rhyngwladol: 0 86243 582 x

y Lolfa

Argraffwyd a chyhoeddwyd yng Nghymru gan
Y Lolfa Cyf., Talybont, Ceredigion  SY24 5AP
*e-bost* ylolfa@ylolfa.com
*y we* www.ylolfa.com
*ffôn* (01970) 832 304
*ffacs* 832 782
*isdn* 832 813

# Cynnwys

# sgorio

# Y Gic Gyntaf

**Roedd y rhaglen Sgorio yn gwbl arloesol ym myd darlledu Cymraeg pan ddarlledwyd y rhaglen gyntaf yn 1988. Emyr Davies sy'n esbonio sut y dechreuodd y cyfan.**

Mae'n anodd credu yn yr oes yma o gemau pêl-droed byw yn ddyddiol ar y teledu, beth oedd sefyllfa darlledu pêl-droed ar ddiwedd yr wythdegau. Ar wahân i uchafbwyntiau yr hen adran gyntaf ar *Match of the Day*, prin iawn oedd y ddarpariaeth i wylwyr brwd y bêl gron. Roedd gemau byw yn brinach fyth ag eithrio rownd derfynol Cwpan F.A. Lloegr, ac ambell i gêm ryngwladol. Does ryfedd felly yn y dyddiau tywyll hynny fod yna hen edrych ymlaen bob dwy flynedd at rowndiau terfynol Pencampwriaethau Ewrop a Chwpan y Byd, pryd y rhoddwyd sylw mwy teilwng i gêm fwya'r blaned. Roedd hyd yn oed yr arferiad o ddangos rownd derfynol Cwpanau Ewrop wedi dod i ben dros dro yn sgil gwaharddiad clybiau Lloegr.

Wrth edrych yn ôl felly roedd y sgyrsiau rhwng Deryk Williams (Comisiynydd Chwaraeon S4C ar y pryd) a Robin Evans (Cynhyrchydd Ffilmiau'r Nant) yn wirioneddol arloesol. Roedd y ddau yn awyddus iawn i ddarparu rhaglen bêl-droed i'r sianel. Ond pêl-droed o ble? Doedd cynghrair Cymru heb ei sefydlu, roedd ITV newydd ennill y frwydr gyda'r BBC am hawliau Cynghrair Lloegr, a dyma ddechrau ystyried troi i gyfeiriad y cyfandir, lle roedd tri o enwau enwocaf pêl-droed Cymru, Mark Hughes ac Ian

Arthur Emyr **cyflwynydd cyntaf Sgorio**

Rush yn chwarae i glybiau Barcelona a Juventus a John Toshack yn hyfforddi Real Sociedad. Dyma benderfynu felly mynd ati i geisio sicrhau'r hawliau i'r Primera a Serie A. Yn anffodus, erbyn i dymor 1988/89 ddechrau roedd Sparky wedi dychwelyd i Manchester United a Rushie nôl yn Lerpwl! Roedd honno'n ergyd drom i'r Cynhyrchwyr a'r Sianel, ond gan fod cytundebau'r hawliau teledu wedi'u harwyddo, mi benderfynwyd bwrw ati beth bynnag, gan obeithio y byddai rhywun yn rhywle â chwant gwylio.

Darlledwyd y rhaglen gyntaf o *Sgorio* ar nos Lun, y 5ed o Fedi 1988, i gyd-fynd â dechrau'r tymor newydd yn Sbaen. Drwy lwc, gêm fawr penwythnos agoriadol y tymor hwnnw oedd gêm darbi Catalunya, Barcelona yn erbyn Espanyol, o flaen torf o gant ac ugain o filoedd yn Stadiwm ysblennydd y Nou Camp. Roedd yn ddechrau newydd i Barça y noson honno hefyd. Hon oedd gêm gyntaf Johan Cruyff fel hyfforddwr y clwb, a hwn oedd cychwyn y cyfnod mwyaf llwyddiannus yn holl hanes FC Barcelona. Roedd yna dri wyneb newydd yng nghrysau Barça, y tri wedi symud o glwb John Toshack, Real Sociedad, yn yr Haf, ac roedd y tri i chwarae rhan flaenllaw yn llwyddiant Barça dros y blynyddoedd nesaf, Bakero, Lopez Rekarte, a

Amanda Prothroe-Thomas ail gyflwynydd Sgorio

'Txiki' Beguiristain, a sgoriodd gôl y noson gyntaf honno wrth i Barça sgubo'r cymdogion o'r neilltu o ddwy gôl i ddim. Roedd gêm gyntaf *Sgorio* yn barod i'w darlledu.

Roedd stiwdio newydd sbon *Sgorio* yn Barcud, Caernarfon, ar y llaw arall, ymhell o fod yn barod ar fore'r pumed o Fedi. Roedd yna filltiroedd o geblau ym mhob man, tyllau mawr ac offer drud yn aros i'w llenwi yn y galeri, a phrin y cafodd y paent amser i sychu ar y set cyn i Arthur Emyr eistedd yn ei sedd i gyflwyno'r rhaglen hanesyddol gyntaf o *Sgorio* am hanner awr wedi saith.

Er yr holl ofidiau, darlledwyd y rhaglen yn llwyddiannus, a go brin y gallai Deryk Williams na Robin Evans fod wedi rhagweld yr ymateb fyddai iddi. Roedd dilynwyr pêl-droed yng Nghymru wedi cael modd i fyw, a gan fod ITV yn eu doethineb wedi penderfynu peidio â dangos unrhyw gemau o Gynghrair Lloegr tan mis Tachwedd, *Sgorio,* am gyfnod, oedd yr unig raglen ym Mhrydain gyfan oedd yn darlledu pêl-droed.

Roedd yn fis Hydref '88 cyn i'r tymor ddechrau yn yr Eidal. Gêm gyntaf *Sgorio* o'r fan honno oedd AC Milan yn erbyn Fiorentina. Roedd gan y Rossonerri y triawd dawnus Ruud Gullit, Van Basten a Frank Rijkaard, y tri newydd chwarae rhan allweddol yn llwyddiant yr Iseldiroedd i gipio Pencampwriaethau Ewrop yr Haf hwnnw. Mewn gêm gyffrous un gôl a sgoriwyd, gyda'r sylwebydd yn ei chyfarch yn frwdfrydig gyda'r geiriau: "D... ooo...n...aaa... d...ooo...niii (Donadoni) – croeso i gynghrair yr Eidal". Clywyd y cymal hwnnw'n cael ei ailadrodd gan blant ysgol yn ogystal ag ambell i wyliwr hŷn dros beint, wrth i boblogrwydd y rhaglen gynyddu.

Yn ogystal â phêl-droed roedd *Sgorio* yn ystod y blynyddoedd cynnar yn dangos amrywiaeth o chwaraeon eraill gan gynnwys hyrlio, ralio, rygbi tri ar ddeg, hoci iâ, a chanwio.

Ond pêl-droed oedd conglfaen y gyfres o'r cychwyn, ac er gwaetha dyfodiad Sky, Channel 4, Channel 5, Eurosport, Bravo a llu o sianelau eraill, heb anghofio darpariaeth cynyddol y BBC ac ITV o bêl-droed, mae *Sgorio* yma o hyd. Mae'r diolch pennaf am hynny i'r gwylwyr sydd wedi cefnogi'r fenter o'r cychwyn. Gobeithio y byddwch chi yn parhau i gefnogi a mwynhau'r rhaglenni am gyfresi lawer i ddod.

**Morgan**
cyflwynydd presennol
y rhaglen

S4C

# Holiadur Arthur

**Fel cyflwynydd cyntaf Sgorio, a ydych chi wedi'ch synnu o gwbwl fod y rhaglen yn dal i fynd, a hynny dair mlynedd ar ddeg yn ddiweddarach?**

Dim ar sail olygyddol 'bur' nac o ystyried y cynnwys. Nid ryw fath o ffasiwn achlysurol (fel Pêl-droed Americanaidd, er engrhaifft) ydi pêl-droed a mi fydd cefnogwyr gwastad eisiau dilyn hynt a helynt y prif chwaraewyr rhwng Pencampwriaethau Ewrop a Chwpanau Byd. Dwi yn synnu at y ffaith fod cysondeb cynnil tîm cynhyrchu a sylwebu *Sgorio* wedi goroesi hirhoedledd Adams, Bould, Dixon a Winterburn hyd yn oed.

I fod o ddifri, ar lefel arall mae'n syndod. Am ryw dair blynedd ar y cychwyn dim ond S4C a *Sgorio* oedd yn dangos pêl-droed o'r cyfandir ym Mhrydain. Doedd dim angen bod yn broffwyd i sylweddoli y bydde hynny'n newid maes o law. Y gofid oedd y bydde'r diddordeb anochel yna gan ddarlledwyr eraill, a wele Sky a Channel 4 yn dyfod dros y bryn, yn gwasgu ac yn tagu'r ddarpariaeth Gymraeg gan roi'r pris tu hwnt i gyrraedd y sianel fach gartrefol. A dangosodd S4C fod ganddyn nhw fwy o arian na Greg Dyke a Rupert Murdoch ar y cyd i'w wario ar hawliau chwaraeon.

Ond digwyddodd dau beth. Cynigiodd neb arall yn Saesneg yn union beth mae *Sgorio* yn ei gynnig yn y Gymraeg, sef rhaglen uchafbwyntiau gynhwysfawr, gryno ar adeg gyfleus. Mae iddi ei lle naturiol yn y ffurfafen deledu bêl-droed o hyd.

**Syniad pwy oedd yr enw 'Sgorio'!?**

Fy syniad i oedd 'Gôl' a 'da ni gyd yn gwybod beth ddigwyddodd i'r don ymenyddol yna. Dwi'm yn hollol siŵr bellach am yr enw 'Sgorio' ar ôl yr holl flynyddoedd. Ond pwy bynnag oedd o, roedd yn athrylith...

**Ydych chi'n dal i fod yn wyliwr cyson o'r rhaglen?**

Cymharol gyson. Dwi'n dueddol o ddewis fy ngemau... ond mae pobol wedi deud hynny amdana i erioed. Gas gen i golli'r gemau mawr o Sbaen. Ond mae hefyd yn fater o gadw'r ddesgil briodasol yn wastad.

**A oes un gêm yn aros yn y cof am resymau arbennig?**

Oes. Barcelona 5 Real Madrid 0. Hatric i Romario. Roeddwn i'n eistedd reit ar ymyl y cae tua'r llinell hanner a phan sgoriodd ei drydedd fe redodd yn syth amdana i (nid yn hollol fwriadol o angenrheidrwydd) a dod i'w liniau i ddeud ei bader tua'r un pellter ag ydw i o'r cyfrifiadur yma'n teipio ar hyn o bryd. 120,00 yn ei addoli yntau a finnau fel ryw Spike ynfyd o'r hysbysebion rygbi reit yn ei chanol hi.

A mae'r cof hefyd yn dyner am y gêm anfarwol yna ym Madrid pan achubais i fywyd y dim ond jyst anfarwol Nic Parri... ond stori arall ydi honno...

**Yn eich barn chi, ym mha gynghrair yn Ewrop y mae'r pêl-droed mwyaf deiniadol i'w weld?**

Sbaen a Lloegr. Anodd eu gwahanu nhw ar sail adloniant. Ymddiheuriadau i John Deakin.

**Yn ogystal â rygbi wrth gwrs, ydech chi'n dipyn o bêldroediwr eich hun!?**

Dwi'n gwybod bod Emyr Davies, Gareth Roberts a Nic Parri ill tri yn gresynnu'n fawr na chawson nhw erioed y cyfle i gael deud:

"ooooooo... Arthur Emyr yn ergydio'n wastraffus dros y bar... o bobol bach... roedd hwnnw'n gyfle euraid... wel wel wel..."

Ond ydyn nhw'n gallu creu darluniau a delweddau dwedwch...

**Gyda phwy y cafoch chi'ch cyfweliad mwyaf cofiadwy?**

Efo Robin Evans o Ffilmiau'r Nant ar ffôn gafodd ei hebrwng ata i ar droli pan oeddwn i mewn plastar o 'nghorun i'm sowdl yn ysbyty Treforus ar ôl llawdriniaeth ar yr hen ben-glin. Dyna'r sgwrs arweiniodd at gyflwyno *Sgorio*.

Ar wahân i hynny, pob cyfweliad efo Ronald Koeman achos beth bynnag oedd y cwestiwn roedd yr ateb yn dechre'r un fath:

"Yes of course."

AE: Ronald, *Sgorio* viewers say that you've got the fattest arse knocking around top flight European football at the moment... "

RK: "Yes of course, but your Neville Southall, he has a big arse also... "

Cadw wyneb syth oedd hanner y sialens a'r hwyl.

Ruud Gullit: un o sêr cynnar Sgorio

**Pwy yn eich tŷb chi oedd y sêr pêl-droed Ewropeaidd, nôl yn nyddiau cynnar *Sgorio*?**

Dyma'r enwau sy'n llamu i'r meddwl…:

Maradona, Maradona, Maradona, Careca (sy'n golygu 'moel' mewn Portiwgaeg), Gullit, Van Basten, Rijkaard, Baresi, Matthaus, Michel, Butragueno, Hugo Sanchez.

Fymryn yn ddiweddarach daeth Romario, Laudrup, Koeman, Stoichkov, Zamorano…

**Pa mor boblogaidd oedd *Sgorio* yn ystod ei chyfres gyntaf, nôl yn niwedd yr wythdegau?**

Os ydi hyn yn unrhyw fath o fesur does dim amheuaeth fy mod yn llawer iawn mwy adnabyddus fel cyflwynydd *Sgorio* nag oeddwn i fel chwaraewr rygbi rhyngwladol. Dipyn o ddeud yng Ngymru o bob man. Roedd chwaraewyr Lerpwl ac Everton yn wylwyr cyson… Rushie yn cael ei ddyfynu yn y *Sun* yn deud cymaint oedd o'n mwynhau'r iaith a'r gystrawen ar nosweithiau Llun… oedd roedd 'na wir deimlad o fod yn rhan o ffenomen. Cyffrous iawn ar y pryd.

**Pam yn eich tyb chi fod y raglen wedi profi'n gymaint o lwyddiant yma yng Nghymru?**

Mi fyse'r rhaglen wedi bod yn boblogaidd yn unrhyw wlad sy'n dilyn pêl-droed. Pob man ond yr Unol Daleithiau felly. Roedd yn llwyddiant ysgubol i S4C oherwydd fod Cymru yn arwain diwydiant cystadleuol chwaraeon ar deledu ym Mhrydain.

**A oes unrhyw chwaraewr yn arbennig yn tynnu eich sylw yn Yr Eidal, Sbaen neu'r Almaen ar hyn o bryd?**

Fedra i ddim cynhesu at y Bundesliga mae gen i ofn. Ond yn Sbaen a'r Eidal, Zidane wrth gwrs, Rivaldo a Batistuta, dyna'r

Drindod Sanctaidd… a dwi wedi edmygu Hierro o Real Madrid ers blynyddoedd. Mae'n debyg y dylwn i gynnwys Luis Figo hefyd.

**Nôl yn niwedd yr wythdegau, Maradona oedd yr enw ar wefusau pawb. Pwy yn eich tyb chi fydd yn cael ei gofio fel enw mawr troad y Mileniwm?**

Zidane, nid oherwydd ei fod ben ac ysgwydd yn well na phawb arall yn ei gyfnod (fel oedd Maradona, er engrhaifft) ond am ei fod wedi bod mor flaenllaw yn ennill Cwpan Byd a Phencampwriaeth Ewrop efo Ffrainc.

**Pa dimau yr ydych yn ei gefnogi yn Yr Eidal, Sbaen a'r Almaen, ac a yw hynny wedi newid rywfaint dros y blynyddoedd?**

Fel dwi wedi awgrymu, dwi'n gwrthod cefnogi Jermans. AC Milan a Real Madrid, yn enwedig wrth gofio cyfnod cynta Tosh yno. Mae Barcelona yn agos iawn at 'y nghalon hefyd. A fel Cymro mae gen i hawl i gefnogi'r ddau hen elyn yn Sbaen os dwi'n dewis gwneud hynny.

**Sut mae Amanda a Morgan wedi llwyddo i lenwi'r bwlch wedi i chi adael?**

Yn fy meddwl i roedd fy ymadawiad yn debyg iawn i effaith Maradona yn gadael Napoli. Ym meddwl pawb arall roedd effaith fy ymadawiad yn debycach i Maradona yn cyrraedd Napoli.

# Pencampwyr Sbaen

| | | | |
|---|---|---|---|
| 1929 | Barcelona | 1930 | Athletic Bilbao |
| 1931 | Athletic Bilbao | 1932 | Real Madrid |
| 1933 | Real Madrid | 1934 | Athletic Bilbao |
| 1935 | Betis | 1936 | Athletic Bilbao |
| | | | |
| 1940 | Atletico Aviacion | 1941 | Atletico Aviacion |
| 1942 | Valencia | 1943 | Athletic Bilbao |
| 1944 | Valencia | 1945 | Barcelona |
| 1946 | Sevilla | 1947 | Valencia |
| 1948 | Barcelona | 1949 | Barcelona |
| 1950 | Atletico Madrid | 1951 | Atletico Madrid |
| 1952 | Barcelona | 1953 | Barcelona |
| 1954 | Real Madrid | 1955 | Real Madrid |
| 1956 | Athletic Bilbao | 1957 | Real Madrid |
| 1958 | Real Madrid | 1959 | Barcelona |
| 1960 | Barcelona | 1961 | Real Madrid |
| 1962 | Real Madrid | 1963 | Real Madrid |
| 1964 | Real Madrid | 1965 | Real Madrid |
| 1966 | Atletico Madrid | 1967 | Real Madrid |
| 1968 | Real Madrid | 1969 | Real Madrid |
| 1970 | Atletico Madrid | 1971 | Valencia |
| 1972 | Real Madrid | 1973 | Atletico Madrid |
| 1974 | Barcelona | 1975 | Real Madrid |
| 1976 | Real Madrid | 1977 | Atletico Madrid |
| 1978 | Real Madrid | 1979 | Real Madrid |
| 1980 | Real Madrid | 1981 | Real Sociedad |
| 1982 | Real Sociedad | 1983 | Athletic Bilbao |
| 1984 | Athletic Bilbao | 1985 | Barcelona |
| 1986 | Real Madrid | 1987 | Real Madrid |
| 1988 | Real Madrid | 1989 | Real Madrid |
| 1990 | Real Madrid | 1991 | Barcelona |
| 1992 | Barcelona | 1993 | Barcelona |
| 1994 | Barcelona | 1995 | Real Madrid |
| 1996 | Atletico Madrid | 1997 | Real Madrid |
| 1998 | Barcelona | 1999 | Barcelona |
| 2000 | Deportivo de la Coruna | 2001 | Real Madrid |

# Sbaen - Timau 2001/2002

| | Tîm | Dinas |
|---|---|---|
| 1 | Real Madrid | Madrid |
| 2 | Deportivo | La Coruna |
| 3 | Mallorca | Mallorca |
| 4 | Barcelona | Barcelona |
| 5 | Valencia | Valencia |
| 6 | Celta | Vigo |
| 7 | Villarreal | Villarreal (Castellon) |
| 8 | Malaga | Malaga |
| 9 | Espanyol | Barcelona |
| 10 | Alaves | Vittoria |
| 11 | Las Palmas | Las Palmas |
| 12 | Rayo Vallecano | Madrid |
| 13 | Real Sociedad | Donostia/San Sebastian |
| 14 | Athletic Bilbao | Bilbao |
| 15 | Zaragoza | Zaragoza |
| 16 | Valladolid | Valladolid |
| 17 | Osasuna | Pamplona |
| 18 | Sevilla | Seville |
| 19 | Betis | Seville |
| 20 | Tenerife | Tenerife |

# Tabl Terfynol y Primera 2000/2001

| | | cartref | | | | | | oddi cartref | | | | | | |
|---|---|---|---|---|---|---|---|---|---|---|---|---|---|---|
| | | ch | e | cf | c | s | i | e | cf | c | s | i | gg | pw |
| 1 | Real Madrid | 38 | 15 | 3 | 1 | 53 | 15 | 9 | 5 | 5 | 28 | 25 | +41 | 80 |
| 2 | Deportivo | 38 | 15 | 3 | 1 | 44 | 13 | 7 | 4 | 8 | 29 | 31 | +29 | 73 |
| 3 | Mallorca | 38 | 14 | 4 | 1 | 38 | 19 | 6 | 7 | 6 | 23 | 24 | +18 | 71 |
| 4 | Barcelona | 38 | 12 | 4 | 3 | 51 | 24 | 5 | 8 | 6 | 29 | 33 | +23 | 63 |
| 5 | Valencia | 38 | 13 | 1 | 5 | 30 | 10 | 5 | 8 | 6 | 25 | 24 | +21 | 63 |
| 6 | Celta | 38 | 11 | 7 | 1 | 31 | 17 | 5 | 4 | 10 | 20 | 32 | +2 | 59 |
| 7 | Villarreal | 38 | 9 | 6 | 4 | 33 | 25 | 7 | 3 | 9 | 25 | 27 | +6 | 57 |
| 8 | Malaga | 38 | 10 | 5 | 4 | 34 | 24 | 6 | 3 | 10 | 26 | 37 | -1 | 56 |
| 9 | Espanyol | 38 | 9 | 3 | 7 | 25 | 16 | 5 | 5 | 9 | 21 | 28 | +2 | 50 |
| 10 | Alaves | 38 | 10 | 2 | 7 | 34 | 24 | 4 | 5 | 10 | 24 | 35 | -1 | 49 |
| 11 | Las Palmas | 38 | 10 | 3 | 6 | 20 | 21 | 3 | 4 | 12 | 22 | 41 | -20 | 46 |
| 12 | Rayo Vallecano | 38 | 7 | 6 | 6 | 30 | 25 | 3 | 7 | 9 | 26 | 43 | -12 | 43 |
| 13 | Real Sociedad | 38 | 6 | 6 | 7 | 28 | 29 | 5 | 4 | 10 | 24 | 39 | -16 | 43 |
| 14 | Athletic Bilbao | 38 | 9 | 4 | 6 | 32 | 25 | 2 | 6 | 11 | 12 | 35 | -16 | 43 |
| 15 | Zaragoza | 38 | 8 | 9 | 2 | 40 | 23 | 1 | 6 | 12 | 14 | 34 | -3 | 42 |
| 16 | Valladolid | 38 | 8 | 9 | 2 | 24 | 15 | 1 | 6 | 12 | 18 | 35 | -8 | 42 |
| 17 | Osasuna | 38 | 6 | 8 | 5 | 26 | 25 | 4 | 4 | 11 | 17 | 29 | -11 | 42 |
| 18 | Oviedo | 38 | 9 | 6 | 4 | 42 | 27 | 2 | 2 | 15 | 9 | 40 | -16 | 41 |
| 19 | Santander | 38 | 10 | 5 | 4 | 33 | 21 | 0 | 4 | 15 | 15 | 41 | -14 | 39 |
| 20 | Numancia | 38 | 8 | 5 | 6 | 24 | 25 | 2 | 4 | 13 | 16 | 39 | -24 | 39 |

• **Cynghrair y Pencampwyr** • **Rownd Ragbrofol Cynghrair y Pencampwyr** • Cwpan UEFA • Disgyn i'r ail adran

# Raúl

| Enw: | RAÚL Gonzalez Blanco |
|---|---|
| Clwb: | Real Madrid |
| Dyddiad geni: | Mehefin 27, 1977 |
| Gwlad | Sbaen |
| Taldra: | 1.80m |
| Pwysau: | 68kg |
| Cyn-glybiau: | Tîm Ieuenctid Atletico Madrid |

Ddwy flynedd wedi ymadawiad Hugo Sanchez o'r Bernabeu, datblygodd Raúl Gonzalez i fod yn olynydd perffaith. Yn ddim ond dwy ar bymtheg mlwydd oed, fe sgoriodd yn ei gêm gyntaf dros y clwb, gan ddod yn ffefryn ymysg cefnogwyr Real dros nos.

Yn y flwyddyn 2000, creodd Raúl hanes, trwy fod y chwaraewr ieuengaf yn hanes y Primera i rwydo cant o goliau. Daeth hynny er gwaethaf cyfnod digon digalon i'r blaenwr dros gyfnod Pencampwriaethau Ewrop, pan fethodd rhwydo'n gyson dros ei glwb na'i wlad. Yn wir, bu i'r papurau yn Sbaen ddechrau cwestiynu ei ddoniau, yn arbennig wedi iddo fethu cic o'r smotyn allweddol yn rownd go-gyn-derfynol Pencampwriaethau Ewrop yn erbyn Ffrainc. Fodd bynnag, erbyn Chwefror tymor 2000/01, dechreuodd y goliau lifo unwaith eto, ac yn ystod Sul ola'r tymor sicrhaodd Raúl Gonzalez mai fe oedd yn gorffen ar frig tabl y prif sgorwyr, gyda 24 o goliau.

Er yn ddim ond pedair ar hugain mlwydd oed, nid yw llwyddiannau wedi bod yn brin i'r Sbaenwr, a hynny gan iddo gipio'r bencampwriaeth ddwy waith yn barod, ennill Cwpan Ewrop yn '98 a 2000, a chipio Cwpan Clybiau'r Byd hefyd yn '98.

Rhyddhawyd Raúl o Atletico Madrid yn hogyn ifanc iawn gan Jesus Gil. Ychydig a wyddai y byddai hyn yn profi'n golled amhrisadwy i glwb y Calderon, yn arbennig o ystyried i'r blaenwr arwyddo i'r cymdogion, Real Madrid. Mae gan y cefnogwyr barch enfawr at y Sbaenwr, a gwelwn hyn yn y modd y gelwir y clwb ar brydiau yn 'Raúl Madrid'.

## Tabl Prif Sgorwyr 2000-2001

| Nifer | Enw | Clwb |
|---|---|---|
| 24 | RAÚL Gonzalez | Real Madrid |
| 23 | RIVALDO | Barcelona |
| 22 | JAVI MORENO | Alaves |
| 19 | DIEGO TRISTAN | Deportivo |
| 17 | Patrick KLUIVERT | Barcelona |
| 16 | DELY VALDES | Malaga |
| | CATANHA | Celta |
| | Roy MAKAAY | Deportivo |
| 15 | OLI | Oviedo |
| 14 | GUTI | Real Madrid |
| | VICTOR | Villarreal |

| Enw: | Vitor Borba Ferreira "RIVALDO" | |
|---|---|---|
| Clwb: | Barcelona | |
| Dyddiad geni: | Ebrill 19, 1972 | |
| Gwlad: | Brasil | |
| Taldra: | 1.86m | |
| Pwysau: | 75kg | |
| Cyn-glybiau: | Santa Cruz | 91-92 |
| | Mogi Mirin | 92-93 |
| | Corinthians | 93-94 |
| | Palmeiras | 94-96 |
| | Deportivo | 96-97 |
| | Barcelona | 97- |

Cyfeiriwyd at Rivaldo gan Pelé fel chwaraewr gorau'r byd. Cadarnhawyd hyn yn 1999, pan wobrwywyd y Brasiliad â'r teitl Chwaraewr y Flwyddyn trwy Ewrop a'r Byd. Pan symudodd Vitor Borba Ferreira o Frasil i Sbaen yng nghanol y nawdegau, yn dilyn cyfnodau gyda Corinthians a Palmeiras, ychydig iawn a wyddai am ei ddoniau. Fodd bynnag, ni chymerodd yn hir iddo wneud ei farc ar y Primera, wedi iddo sgorio 21 o goliau yn ei dymor cyntaf gyda Deportivo la Coruna. Mewn dim o dro roedd Rivaldo yn cael ei ystyried ymysg y goreuon yn Sbaen, ac o ganlyniad, fe arwyddodd i Barcelona am £16 miliwn yn 1997, swm a oedd yn record newydd yn Sbaen.

Yn ystod ei dymor cyntaf yn y Nou Camp, sgoriodd un ar hugain o goliau i'r Catalanwyr, goliau a brofodd yn amhrisiadwy, ac a sicrhaodd fod y bencampwriaeth yn dychwelyd i Barça. Yr un oedd ei hanes yn ei ail dymor, yn rhwydo pedair ar bymtheg o goliau yn y cynghrair, ac yn llwyddo i gipio'r Primera unwaith yn rhagor.

Yn y flwyddyn ddiwethaf fodd bynnag, gellir dadlau i'w berfformiadau fod yn ddigon anghyson, yn enwedig ar y llwyfan

rhyngwladol. Yn Nhachwedd 2000 cyfaddefodd iddo ystyried rhoi'r gorau i bêl-droed rhyngwladol, a hynny o ganlyniad i gyfres o berfformiadau siomedig a gafodd eu hamlygu gan anfodlonrwydd y cefnogwyr.

Ymosodwr yw Rivaldo wrth reddf, ond yn ystod cyfnod Van Gaal yn rheolwr Barcelona, bu'n chwarae ar yr asgell yn rheolaidd.

Yn dilyn ymddiswyddiad Van Gaal, cafodd y Brasiliad y rhyddid i chwarae yn ei hoff safle, yn y bwlch y tu ôl i'r ddau flaenwr. Er hynny, beirniadwyd y rheolwr newydd Lorenzo Serra Ferrer, am or-lwytho pwysau ar y chwaraewr, ac fe ddaeth hyn i'r amlwg yn y dirywiad yn ei berfformiadau ar ddechrau tymor 2000/01.

Er gwaethaf dechreuad cymysglyd i'r tymor diwethaf, gorffennodd y tymor ar nodyn cadarnhaol gyda 23 o goliau dros ei glwb, gan gynnwys hatric anfarwol ar ddiwrnod ola'r tymor yn erbyn Valencia, a sicrhaodd fod Barça yn ennill eu lle yn rowndiau rhagbrofol Cynghrair y Pencampwyr. Mae'r goliau hyn yn sicr o ailgynnau'r fflam dros ei glwb a'i wlad.

Uchafbwynt ei yrfa hyd yma'n sicr, oedd cyrraedd rownd derfynol Cwpan y Byd yn 1998, ond wrth gwrs, colli fu hanes Brasil yn y ffeinal yn erbyn Ffrainc. Chwaraeodd Rivaldo ym mhob un o saith gêm ei wlad yn y gystadleuaeth honno.

Mae doniau Rivaldo yn ei osod ymysg goreuon y byd. Mae ei gyffyrddiadau, ei symudiadau a'i basio cywrain yn ei wneud yn hynod unigryw ar y cae. Mater o amser yw hi, mae'n debyg, nes i'r blaenwr gael ei wobrwyo'n Chwaraewr Gorau'r Byd unwaith eto.

| | |
|---|---|
| **Enw Swyddogol:** | **Real Madrid C.F** |
| **Cyfeiriad:** | **c/Concha de Espina y Paseo de la Castellana, Madrid 28306, Sbaen.** |
| **Ffôn:** | **++34 91 344 0052/++34 91 398 4300.** |
| **Ffacs:** | **++34 91 344 0695** |
| **Stadiwm:** | **Santiago Bernabeu, c/Concha de Espina y Paseo de la Castellana, Madrid 28306, Sbaen.** |
| **Lliwiau Cartref:** | **Gwyn i gyd gyda rhimyn glas** |
| **Lliwiau Eraill:** | **Glas tywyll i gyd gyda rhimyn melyn (ar gyfer gemau cynghrair).** |
| | **Du i gyd gyda rhimyn melyn (ar gyfer Cynghrair y Pencampwyr).** |
| **Noddwyr Crysau:** | **realmadrid.com** |
| **Ffug enwau:** | **Y "Merengues", Blancos  (Y Gwynion).** |

**Morientes a Raúl yn dathlu ennill cwpan Ewrop**

Yn 1998, cyfeiriodd FIFA at Real Madrid fel y tîm gorau yn hanes y gêm. Wedi cipio'r bencampwriaeth yn Sbaen ar wyth ar hugain achlysur, Cwpan Sbaen ddwy ar bymtheg o weithiau a Chwpan Ewrop wyth gwaith, does dim llawer all ddadlau â'r penderfyniad. I nifer y tu allan i Sbaen, mae Real Madrid bellach yn symbol o bêl-droed y wlad.

Dechreuodd Real wneud eu marc ar bêl-droed Ewropeaidd yn y pumdegau, yn yr un cyfnod ag yr oedd tîm cenedlaethol Sbaen yn dechrau gwneud argaraff ar y Cwpanau Byd. Yn ôl nifer, mae'r diolch am ddatblygu Real o fod yn dîm bach yn chwarae mewn cynghrair lleol, i fod ymysg y goreuon yn Ewrop, i gyd i un dyn. Roedd gan Lerpwl Bill Shankly, Manchester Utd yr enwog Matt Busby, ac roedd gan Real Santiago Bernabeu. Yn chwaraewr yn y tridegau, daeth Bernabeu i fod yn llywydd ar y clwb yn 1943. Yn ystod y cyfnod yma, symudoodd Real i stadiwn newydd, ac fe'i galwyd yn 'Santiago Bernabeu'. Cafwyd yr agoriad swyddogol yn Rhagfyr 1947, a gyda hynny fe ddechreuodd y tlysau lifo i mewn i'r stadiwm.

Yn 1955/56, wedi llwyddo i ddenu enwau megis Alfredo di Stefano a Ferenc Puskas i'r Bernabeu, cipiodd Real Gwpan Ewrop am y tro cyntaf. Yr un oedd eu ffawd am y pedwar tymor oedd i ddilyn, yn creu hanes, trwy fod yr unig glwb i gipio'r Cwpan bum gwaith yn olynol. Er i'r Clwb lwyddo i gipio un ar ddeg pencampwriaeth a dau Gwpan UEFA rhwng y saithdegau a'r wythdegau, ystyrir y cyfnod yma'n fethiant i'r clwb, ac o ganlyniad gwelwyd nifer helaeth o reolwyr yn mynd a dod.

Cymysglyd iawn fu diwedd y nawdegau hefyd. Yn nhymor '97/'98, sicrhaodd y Clwb eu seithfed buddugoliaeth yn ffeinal Cynghrair y Pencampwyr trwy guro Juventus gyda gôl gan Mijatovic. Yn yr un tymor, llwyddodd tîm y Bernabeu i gipio Cwpan Clybiau'r Byd, a hynny am yr ail dro yn eu hanes. Ddwy flynedd yn ddiweddarach, daeth wythfed Cwpan Ewrop i'r Clwb, trwy guro Valencia yn y rownd derfynol.

Hefo'r melys daeth y chwerw, a hynny wrth i'r cefnogwyr ddod i glywed am ddyledion enfawr eu clwb o £180 miliwn. Bellach mae'r ddyled wedi'i chlirio, ac wedi iddynt lwyddo i sicrhau llofnod Zinadine Zidane am £48 miliwn yn yr Haf, i ychwanegu at enwau mawrion eraill megis Luis Figo, Raúl Gonzalez a Roberto Carlos, mae'r dyfodol yn ymddangos yn ddu iawn i weddill y Primera!

**Pencampwyr y Primera:**
'32, '33, '54, '55, '57, '58, '61, '62, '63, '64, '65, '67, '68, '69, '72, '75, '76, '78, '79, '80, '86, '87, '88, '89, '90, '95, '97, '01.

**Cwpan Sbaen:**
'05, '06, '07, '08, '17, '34, '36, '46, '47, '62, '70, '74, '75, '80, '82, '89, '93.

**Cwpan Ewrop:**
'56, '57, '58, '59, '60, '66, '98, '00.

**Cwpan UEFA:**
'85, '86.

### Alfredo di Stefano

Pan symudodd Yr Archentwr i Real yn 1953, bu ei gyfraniad at lwyddiannau'r clwb yn amhrisadwy, yn sgorio 307 o goliau yn ystod ei gyfnod yn y Bernabeu, gan orffen yn brif sgoriwr ar bump achlysur. Enillodd y Cynghrair wyth o weithiau a Chwpan Ewrop bum gwaith, sydd yn record anhygoel. Cafodd hefyd 37 o gapiau dros ei wlad.

Daeth yn ôl i reoli'r clwb am gyfnod, ond doedd ei ddylanwad ar y fainc ddim yn adlewyrchu'r modd y rheolai bethau ar y cae.

### Jacinto Quinconces

Chwaraewr pwysicaf y clwb, yn y blynyddoeedd a arweiniodd at yr oes aur. Ar ei orau yng nghanol y tridegau, cafodd ei enwi fel chwaraewr gorau Cwpan y Byd yn yr Eidal yn '34. Yn dilyn yr Ail Ryfel Byd, dychwelodd i Real i reoli, a hynny'n dilyn cais gan ei gyn-gyd-chwaraewr, Santiago Bernabeu.

### Gento

Chwaraeodd i'r clwb mewn tri degawd, o '53 i '72, sydd yn record hyd heddiw. Bu i'w 178 gôl gyfrannu'n fawr at ddeuddeg pencampwriaeth, chwe Copa del Rey (cwpan Sbaen), a chwe Chwpan Ewrop. Caiff ei gofio fel y trydydd aelod o'r linell flaen fythgofiadwy yn y pumdegau, a oedd hefyd yn cynnwys Puskas a Di Stefano.

### Hugo Sanchez

O bosib, y chwaraewr tramor gorau i ddod i'r Bernabeu ers yr oes aur. Sgoriodd y Mecsicanwr 207 o goliau i'r clwb, goliau a gynorthwyodd Real i lwyr reoli hanner olaf yr wythdegau yn Sbaen. Enillodd yr Esgid Aur am sgorio 38 gôl gynghrair yn ystod tymor '89/'90.

Caiff ei gofio'n bennaf am ei berfformiadau gwych mewn dwy ffeinal yng Nghwpan UEFA, y ddwy yn erbyn Internazionale.

Hugo Sanchez: un o arwyr y Bernabeu

# Carreg filltir i Real

## 1902-2002

Yn ystod mis Mawrth 2002 fe fydd 'y clwb pêl-droed gorau yn hanes y gêm' yn dathlu ei ganmlwyddiant, ond tydi Real Madrid ddim wedi bod yn brin o achosion dathlu yn ystod y ganrif a fu chwaith. Mae'r 'blancos' wedi hen arfer bellach, gan iddyn nhw wneud eu marc bron o'r cychwyn cyntaf.

Sefydlwyd 'Madrid Foot Ball Club' yn swyddogol ar y chweched o Fawrth 1902, gan grŵp o gefnogwyr. Wedi ethol bwrdd o Gyfarwyddwyr, aethpwyd ati i ddewis lliwiau'r clwb, sef, trowsusau bach a chrysau gwyn gyda sanau gleision, lliwiau sy' dal gyda'r clwb hyd heddiw. Ym mis Mai yr un flwyddyn, chwaraewyd gêm gyntaf y clwb, yng Nghwpan Brenin Alfonso XIII, a welodd y gêm darbi gystadleuol gyntaf rhwng Madrid a Barcelona, gyda'r Catalanwyr yn gorffen yn fuddugol. Fodd bynnag, daeth peth cysur i Madrid, drwy guro Espanol (o Barcelona) yn rownd derfynol 'Copa de la Gran Pena', a chipio'r tlws cyntaf yn eu hanes. Daeth llwyddiant cyntaf Madrid yng Nghwpan Sbaen yn 1905, trwy guro Athletic Bilbao o gôl i ddim. Yn 1907, daeth y clwb i fod y cyntaf i gael cadw tlws Cwpan Sbaen am iddynt ei gipio am y trydydd tro'n olynol.

O 1920 ymlaen, yn dilyn sêl bendith y Brenin, 'Real Madrid' fyddai enw swyddogol y clwb. Yn Rhagfyr yr un flwyddyn, aeth Real Madrid ar daith o amgylch Portiwgal a'r Eidal. Roedd hyn yn garreg filltir, gan mai hwn oedd y tro cyntaf i'r clwb wneud cysylltiad â chlybiau tramor.

Yn y pedwerydd tymor ar ôl sefydlu cynghrair y Primera, daeth Real yn bencampwyr, a hynny heb golli gêm.

Ddwy flynedd yn ddiweddarach yn 1934, cipiodd Real Gwpan Sbaen am y tro cyntaf mewn dwy flynedd ar bymtheg .

Profodd y pymthegfed o Fedi 1943 i fod yn ddyddiad holl-bwysig yn hanes Clwb Pêl-droed Real Madrid. Penodwyd Santiago Bernabeu yn lywydd ar y clwb, a hynny'n unfrydol. Yn gyn-chwaraewr hefo'r clwb ac yn uchel ei barch yn y ddinas, byddai ei ddylanwad yn enfawr. Un o gynlluniau cynharaf y llywydd oedd i adeiladu stadiwm newydd i'w glwb, ac mewn dim o dro, roedd y tir ar gyfer y cartref newydd wedi'i brynu. Yn 1947, agorwyd Stadiwm Santiago Bernabeu, ac fe'i galwyd yn 'Chamartin'. Yn ôl y wasg, hwn oedd stadiwm gorau Ewrop. Barinaga sgoriodd y gôl gyntaf yn y stadiwm newydd, a hynny mewn buddugoliaeth o dair gôl i un i'r tîm lleol, yn erbyn Os Belenenses.

Yn nechrau'r pumdegau, llwyddodd Real i ddenu un o'r chwaraewyr gorau a welodd y gêm erioed i'r brifddinas, a hynny o dan drwynau yr hen elynion, Barcelona. Yn ei dymor cyntaf gyda'r clwb, profodd cyfraniad Alfredo Di Stefano i fod yn amhrisiadwy, yn gorffen ar frig tabl y prif sgorwyr gyda naw ar hugain o goliau, gan sicrhau'r Bencampwriaeth am y tro cyntaf mewn dros ugain mlynedd. Bu'n rhan o linell flaen anfarwol Real yn y pumdegau, ochr yn ochr â Puskas a Gento.

Gwobrwywyd Santiago Bernabeu am ei waith yn Ionawr 1955, pan benderfynwyd yn unfrydol i newid enw stadiwm y clwb o 'Chamartin' i 'Estadio Santiago Bernabeu'. Gyda hynny, dechreuodd y llwyddiannau yn Ewrop, oherwydd yn nhymor '59/'60, yn dilyn buddugoliaeth dros Eintracht Frankfurt o 7-3, sicrhaodd Real eu pumed Cwpan Ewrop yn

olynol. A hyd heddiw nhw yw'r unig glwb i gyflawni hyn. Crëwyd hanes hefyd yn y chwedegau, wrth i glwb y Bernabeu gipio'r Primera hefyd bum gwaith yn olynol, yn '61, '62, '63, '64, a '65. Flwyddyn yn ddiweddarach, daethant yn bencampwyr Cwpan Ewrop am y chweched gwaith yn eu hanes, gan brofi mai nhw oedd tîm gorau'r cyfnod.

Ar yr ail o Fehefin 1978 daeth cwmwl du dros Madrid, ac ysgytwyd holl ddilynwyr pêl-droed trwy'r byd, gyda'r newyddion fod llywydd Real, Santiago Bernabeu wedi marw. Bu'n ymwneud â'r clwb ers blynyddoedd cynnar y ganrif ddiwethaf, ac yn nhymor '77/'78, cipiodd Real eu pumed pencampwriaeth yn y degawd, anrheg ffarwél delfrydol i'w Llywydd.

Siomedig oedd blynyddoedd cynnar yr wythdegau i Real, nes iddynt gipio Cwpan UEFA am y tro cyntaf yn '85, ac am yr ail dro yn '86. Ysgogodd hyn y tîm i fynd yn eu blaenau, a chipio'r bencampwriaeth bum gwaith yn olynol, a hynny am yr ail waith yn eu hanes. Fel yn y degawd blaenorol, di-fflach fu cyfraniad Real i'r Primera yn nechrau'r nawdegau, a rhaid oedd byw yng nghysgod yr hen elyn, Barcelona. Fodd bynnag, yn dilyn llwyddiannau yn y Cynghrair yn '95 a '97, a buddugoliaeth yn rownd derfynol Cynghrair y Pencampwyr yn '98, sicrhaodd Real mai y nhw fyddai FIFA'n ei ddewis fel y clwb mwyaf llwyddiannus yn hanes y gêm. Yn ogystal, enwebwyd y cyn-chwaraewyr Alfredo Di Stefano a Ferenk Puskas ymhlith y deg chwaraewr gorau a welodd y gêm erioed. Coronodd Real ganrif fythgofiadwy yn 1998, trwy guro Vasco de Gama yn rownd derfynol 'Cwpan Pencampwyr y Byd' o ddwy gôl i un.

Dechreuodd Real y mileniwm newydd yn yr un modd, gan ennill Cynghrair Pencampwyr Ewrop yn y flwyddyn 2000, yn erbyn Valencia, ac yna sicrhau y Bencampwriaeth y tymor

Raúl Gonzalez

diwethaf yn ddigon cyfforddus. Ar ddechrau tymor '00/'01, talodd Real record byd o £37m i Barcelona am Luis Figo. Fodd bynnag, cyn talu'r swm yma, cyhoeddodd llywydd Real, Florentino Perez, fod gan y clwb ddyledion enfawr o £180 miliwn. Mae'r clwb bellach wedi llwyddo i glirio'r dyledion, ac yr un pryd wedi llwyddo i arwyddo un o chwaraewyr gorau a welodd y byd erioed, Zinadine Zidane, a hynny am record byd newydd o £48 miliwn!

Gyda phen blwydd y clwb yn gant oed y tymor hwn, mae'n amlwg fod Real Madrid am ddathlu mewn steil. Y nod ydi cipio Cynghrair y Pencampwyr am y nawfed tro. Bydd y rownd derfynol i'w chwarae yn Hampden Park, ble cafodd Real eu hawr fwyaf cofiadwy nôl yn 1960, pan drechwyd Eintracht Frankfurt o saith gôl i dair. Y noson honno, sicrhaodd Real eu pumed Cwpan Ewrop yn olynol, gan gryfhau eu statws fel tîm gorau Ewrop yn ystod y chwedegau. Yr un yw gobeithion y llywydd Florentino Perez ar ddechrau mileniwm newydd, i reoli pêl-droed Ewropeaidd unwaith yn rhagor. Mae hynny'n darged realistig i'r clwb, ac yn lwyddiant y byddai Santiago Bernabeu yn ymfalchio ynddo ym mlwyddyn canmlwyddiant ei glwb.

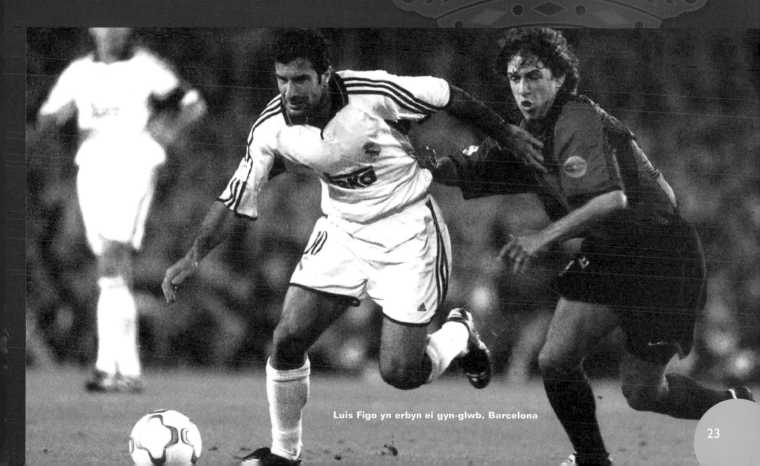

Luis Figo yn erbyn ei gyn-glwb, Barcelona

# Y Primera - Tymor 2001/2002

## Real Madrid

"Efo Zinedine Zidane yn ein plith, ni fydd tîm gorau'r byd o bell ffordd," meddai Luis Figo am Real Madrid cyn dechrau'r tymor. Ond erbyn dechrau Hydref roedd hi'n amlwg fod honiad Figo yn bell o'r gwir. Ar ôl chwech o gemau yn y Primera, dim ond un gêm lwyddodd y pencampwyr i'w hennill, ac roedd y pedwerydd safle ar ddeg yn y cynghrair yn lle annisgwyl ac anghyfarwydd iawn i'r Blancos. Beth felly ydi'r broblem yn y Bernabeu? Wel, heb Zidane, roedd Raúl a'r hogiau yn sgorio fel mynnen nhw y tymor diwethaf, ac efallai bod torri record am chwaraewr ymosodol arall yn denu sylw'r byd, ond dydi'r Ffrancwr ddim yn mynd i ddileu gwendidau'r garfan, ac mae'r gwendid mwyaf yn y cefn. Ers degawd mae Fernando Hierro wedi bod yn golofn galed yn yr amddiffyn, ond henaint ni ddaw ei hunan, ac mae Aitor Karanka yn tueddu i fod yn ddigon anwadal.

Hefyd does gan Del Bosque ddim gwir ymosodwr i gystadlu am le efo Fernando Morientes, sy'n amlach na pheidio wedi ei anafu, tra gall Guti, Raúl, Figo, Savio, McManaman a Munitis, i gyd, chwarae yn y twll y tu ôl i'r ymosodwyr, sef yn safle Zidane. Ac mae hyn yn codi cwestiwn arall: mae chwaraewyr gorau'r byd wastad yn gallu ac yn mynnu dylanwadu'n fawr ar gêm o bêl-droed, ond sawl chwaraewr all ddylanwadu ar yr un gem? Zidane a Figo ydi'r ddau ddiweddara i gael eu henwi'n Bêldroedwyr Ewrop y Flwyddyn, ac mae Raúl yn agos iawn ati eleni. Mae 'na ddyfyniad gan Johan Cruyff sy'n esbonio'r pwynt yma i'r dim: "Petai Barcelona yn prynu Riquelme, mi fydden nhw angen tair pêl, un i Rivaldo, un i Riquelme ac un i'r gweddill!" O ystyried hyn, efallai y bydd Madrid angen chwech!

Does dim dwywaith bod Zidane yn mynd i wneud Real yn dîm mwy cyffrous i'w gwylio, ond am yr un faint o arian mi fysen nhw wedi gallu prynu Nesta neu Campbell, Manuel Pablo neu Contra, a Filippo Inzaghi neu Mark Viduka ('mond i enwi chwech oedd ar restr siopa Real cyn prynu Zidane). Mi fase tri o'r chwech yma wedi rhoi mwy o gydbwysedd i'r pencampwyr ac wedi dod â gwaed ieuengach i'r garfan.

## Barcelona

A dyna'n union wnaeth Barcelona dros yr haf. "Mae'n well gen i chwaraewyr ifanc da sy'n awchu i ennill pethau," meddai Carles Rexach yr hyfforddwr wrth gyfeirio at Javier Saviola, 19, Fabio Rochemback, 19, Geovanni, 21, a Philippe Christanval, 22. Talodd Barça £21.7 miliwn am Saviola "Y Maradona Newydd" – y swm mwyaf erioed am chwaraewr o dan ugain oed. Gan iddo sgorio 58 o goliau mewn 120 o gemau i River Plate gellir yn hawdd ddeall pam, ac ar ôl ei weld yn sgorio mor naturiol ar ddechrau'r tymor i Barça, mae'n amlwg y bydd yn enw mawr yng Nghatalunya a gweddill Ewrop yn fuan iawn. Er mwyn ailadeiladu'r tîm, roedd yn rhaid i Rexach brynu pedwar neu bump o chwaraewyr mewn safleoedd allweddol. Dyna'n union wnath e, a dyna paham mai Barcelona oedd ar frig y Primera erbyn dechrau mis Hydref. Heb os, bydd Saviola yn dod â mwy o gyffro i'r Nou Camp, ond am y tro cyntaf ers blynyddoedd, mae'r Catalanwyr hefyd wedi trio creu mwy o gydbwysedd yn y garfan. Bydd Christanval ac Andersson yn cryfhau y cefn yn sylweddol, tra bydd Rochemback yn gallu ffyrnigo mwy ar ganol cae sydd wedi tueddu i fod braidd yn galon-feddal yn ddiweddar. Talodd Real £47 miliwn am Zidane, tra bod Barcelona wedi cael chwe chwaraewr am £60 miliwn,

ac mae'r gwahaniaeth yn amlwg yn barod ym mherfformiadau y ddau dîm.

## Valencia

Ar wahân i ddau gawr traddodiadol y Primera, pwy arall fydd yn cystadlu am y Bencampwriaeth eleni? Wel, er gwaethaf diweddglo creulon y tymor diwethaf ac ymadawiad Gaizka Mendieta a'r hyfforddwr Hector Cuper, roedd 'na lawer un wedi cymryd ffansi at Valencia ers cyn dechrau'r tymor, ac ar ôl eu gweld yn chwalu Real Madrid mor hawdd yn gêm gynta'r tymor, roedd pethau'n argoeli'n dda i dîm y Mestalla. Ond i lawr allt yr aeth pethau wedyn, ac roedd diffyg goliau yn golygu eu bod yn cael gormod o gemau cyfartal a dim digon o bwyntiau. Efallai mai problem dros dro yn unig fydd hon gan fod Valencia wedi gwario'n helaeth ar ddyrnaid o chwaraewyr galluog. Yn eu mysg mae'r ddau amddiffynnwr o Frasil, Aurelio a Belletti sydd wedi cyfrannu at welliant sylweddol yn y cefn, a phetai Rafa Benitez yn cael rhagor o arian i brynu sgoriwr mwy cyson na John Carew a Juan Sanchez, fyddai Valencia fawr o dro yn dringo'n ôl i chwarter ucha'r cynghrair.

## Deportivo

Y ddau dîm arall fydd yn bygwth y tymor hwn mae'n debyg fydd y gogs o Galicia. Cafodd pencampwyr 2000, Deportivo, dymor da eto y llynedd gan ddod yn ail i Real Madrid, ac ar ôl gwario £45 miliwn yr haf diwethaf, dydyn nhw ddim wedi gorfod gwagio'r pwrs y tro hwn, ac mae'n ddigon dealladwy pam. Cafodd Diego Tristan a Roy Makaay 35 o goliau rhyngddyn nhw y llynedd, ac fe ddylsai'r bartneriaeth weithio cystal os nad gwell eleni. Mae Amavisca wedi bod yn beryg

bywyd ar y chwith yng nghanol cae hyd yma, ac mae'r criw yn y cefn wedi bod yn gymharol ddibynadwy.

## Celta Vigo

Ond ddim cweit mor gadarn ag amddiffyn eu cymdogion Celta Vigo, oedd heb ildio'r un gôl yn eu pedair gêm gyntaf – dyna phaham y treulion nhw gyfnod ar frig y Primera. Yn sicr mi fedran nhw ddibynnu ar Catanha i sgorio llond trol o goliau unwaith eto, ac mae ganddyn nhw gadernid heb ei ail yng nghanol cae ar ffurf y ddau Rwsiad, Alexander Mostovoi a Valery Karpin. Petai Celta heb gloffi cymaint yn hanner cynta'r tymor diwethaf, mi fydden nhw wedi bod yn agos iawn i'r brig erbyn mis Mehefin, gan mai Mallorca oedd yr unig dîm i ennill mwy o bwyntiau 'na nhw yn ystod ail hanner y tymor. Calondid felly i ffyddloniaid yr Estadio Balaidos ydi gweld y tîm yn dechrau'r tymor hwn mor danbaid, ac os pery'r rhediad a'r brwdfrydedd, fyddai neb yn synnu nac yn gresynnu gweld y Bencampwriaeth yn mynd am y tro cyntaf erioed i Vigo.

# Tosh

**Argraffiadau'r sylwebydd
Emyr Davies o'i arwr,
John Benjamin Toshack**

26

Ym mis Awst 1990, ro'n i'n teithio ar hyd y Paseo de Castellana i gyfeiriad y Bernabeu gyda chriw camera o ddinas Madrid. Roedd y gŵr camera yn awyddus i wybod beth oedd ein bwriad wrth ymweld â chartref clwb mwyaf llwyddiannus y byd, Real Madrid. Eglurais ein bod ni yno i wneud rhagolwg o'r tymor newydd, a'n bod yn gobeithio ffilmio'r stadiwm; ymweld â'r ystafell dlysau; sgwrsio gyda ambell i chwaraewr, gan gynnwys Hugo Sanchez, Michel, Butragueno a Gheorge Hagi… a chyn i mi gael cyfle i orffen y frawddeg, mi ddaeth yr ymateb, "No problemo" o sedd flaen y car. "A hefyd," ychwanegais yn frwdfrydig o'r sedd gefn, "cael sgwrs gyda'r hyfforddwr John Toshack." Distawrwydd llethol. Roedd yn amlwg bod y newyddion yma wedi bwrw'r gwynt o'u hwyliau. Wedi hir a hwyr dyma'r gŵr sain yn magu plwc a mynegi'n betrusgar, fel tad yn torri'r newydd i blentyn bach disgwylgar fod y siop hufen iâ wedi cau: "Mi allai hynny fod yn broblem. 'Dyw John Benjamin ddim yn or-hoff o wneud cyfweliadau â'r wasg".

Yn fy marn i mae newyddiadurwyr a gohebwyr sydd wedi cael y profiad o holi Tosh yn perthyn i ddau gategori. Y rhai sydd wrth eu boddau yn gwylio'r Cymro yn 'perfformio' ac yn gwerthfawrogi'r hiwmor sych ddaw o'r llais dwfn a'r oslef hir sydd mor nodweddiadol o'i ardal enedigol yng Nghaerdydd. A'r gweddill sydd wedi profi'r tafod llym, di-flewyn, wrth i'r hyfforddwr ymateb yn bigog i gwestiwn beiddgar, neu'n ddilornus i gwestiwn sydd yn ei dyb e'n amherthnasol neu'n ddibwys. Beth bynnag y categori, mae un profiad yn gyffredin i bawb sydd wedi bod yn ei gwmni – ei bresenoldeb. Mae'n fawr ei gorff, ydi, ond mae'r rhin amdano yn gallu tawelu ystafell o ddau gant o aelodau'r wasg cyn iddo hyd yn oed yngan gair.

Erbyn hyn, rydym yn cyfnewid cardiau 'Dolig, ond yn Haf '90, do'n i ddim yn nabod Tosh cystal â hynny, ac roedd ymateb y criw wedi hau hedyn o amheuaeth a fyddai'n bosib cael cyfweliad gydag e' y diwrnod crasboeth hwnnw. Wedi cyrraedd y stadiwm yn gynnar ro'n i'n helpu i ddadlwytho'r offer o gist y car, pan glywais sŵn corn yn hwtian. Dim byd anghyffredin yn hynny yng nghanol Madrid, ac anwybyddu'r sŵn wnes i. Ond o glywed y corn yr eilwaith mi edrychais i gyfeiriad y sŵn o ran chwilfrydedd. Yno o 'mlaen roedd Saab mawr du, a'r ffenest dywyll electroneg yn raddol agor i ddatgelu neb llai na John Toshack ei hun yn sedd y gyrrwr. "Emyr," galwodd. "Ro'n i'n meddwl mai am ddau o'r gloch ro'n ni'n cwrdd! Gwranda, mae un o'm chwaraewyr wedi brifo wrth ymarfer bore 'ma, ac rwy'n pigo draw i'r ysbyty i weld sut mae e'. Ond fydda i nôl erbyn dau o'r gloch, iawn."

Gyda hynny o eiriau i ffwrdd ag e' gan adael y criw ffilmio yn geg agored ar y palmant.

Y pnawn hwnnw aeth Tosh â ni o gwmpas y stadiwm enfawr gan sgwrsio'n ysgafn a ffraeth am ei dymor cyntaf wrth y llyw yn Real Madrid. Pan ddechreuodd ar ei waith yn y Bernabeu flwyddyn ynghynt, roedd Real newydd ennill y Primera am y pedwerydd tro yn olynol.

"Pan dderbyniais i'r swydd ro'n i'n gwybod pe bawn i'n methu ag ennill y Bencampwriaeth, fe fyddai pawb yn dweud mai fi oedd ar fai. Ond ro'n i hefyd yn ymwybodol y byddai ennill y Bencampwriaeth am y pumed tro yn olynol ddim yn creu rhyw gynnwrf mawr chwaith. Roedd yn rhaid i mi felly nid yn unig ennill y Bencampwriaeth, ond ei hennill hi mewn modd a dull o chwarae nad oedd wedi ei gyflawni yma o'r blaen." A dyna'n union wnaeth e'; arwain Real Madrid i ennill y Bencampwriaeth gyda'r tîm yn sgorio cant a saith o golie yn y broses – record sy'n parhau hyd heddiw yng nghynghrair Sbaen.

Wrth ein tywys o gwmpas y miloedd o gwpanau a medalau yn yr ystafell dlysau, aeth â ni'n syth at y lle ro'n nhw'n cadw tlysau'r pum pencampwriaeth ar hugain. Doedden nhw ddim mewn unrhyw fath o drefn, a dweud y gwir roedd eu hanner nhw yn gorwedd blith draphlith ar hyd y llawr. Ar ôl ychydig o chwiltota, dyma Tosh yn gafael yn dirion yn un ohonyn nhw. "Dyma fy un i," meddai, gyda balchder mawr.

Nesaf, aeth â ni i weld esgid aur Hugo Sanchez, cydnabyddiaeth UEFA i brif sgoriwr Ewop, ar ôl i'r Mecsicanwr sgorio tri deg wyth o goliau cynghrair allan o gant a saith ei dîm. A geiriau Tosh wrth sôn am dymor anfarwol Sanchez: "Hugo yw Hugo, a fe yw'r gore am wneud y peth anodda ym mhêl-droed, sgorio goliau".

Â'r bencampwriaeth wedi'i hennill roedd Tosh yn amlwg yn edrych ymlaen at herio pencampwyr gweddill cynghreiriau Ewrop y tymor canlynol. Ond er bod Real dal yng nghwpan Ewrop, ro'n nhw wedi colli tir ar Barcelona yn y Primera, ac ar y 18fed o Dachwedd 1990 cafodd orchymyn i hel ei bac. Yn rhyfeddol, gadawodd Toshack Real Madrid y tro cyntaf hwnnw heb iddo golli'r un gêm gartre. Ei record yn y Bernabeu oedd chwarae 31, ennill 28, a thair gêm gyfartal. "Falle mai'r tair gêm gyfartal 'na oedd y broblem." meddai'n ddiweddarach, ei dafod yn ei foch, a gwên fawr ar ei wyneb.

Mae'r gallu i chwerthin wrth edrych yn ôl ar gyfnodau cythryblus yn hanfodol i unrhyw hyfforddwr sydd am aros yn gymharol gall. Ond beth yn y byd sy'n gwneud i hyfforddwr ddychwelyd i glwb sydd wedi ei drin fel baw yn y gorffennol. Dyna ofynnais i Tosh yn1999 pan ail gydiodd yn yr awennau yn y Bernabeu. Gyda llaw, dwi ddim yn credu ei fod e'n rhy hoff o'r defnydd o'r gair "sac" yn y cwestiwn.

"Ches i mo'r sac," meddai, a golwg hanner direidus, hanner blin ar ei wyneb, ac roedd gweddil ei ateb yn berl.

"Ches i fy ngorfodi o 'ma, ac fe ga i 'ngorfodi o 'ma eto rhyw ddiwrnod. Ond fedra i ddim meddwl am unrhyw glwb arall yn y byd yr hoffen i gael fy ngorfodi ohono ddwywaith na Real Madrid."

Mae gan Toshack dipyn o CV erbyn hyn. Dechreuodd ei yrfa yn 16 oed fel y chwaraewr ieuengaf erioed i gynrychioli Caerdydd mewn gêm gynghrair. Sgoriodd 100 o goliau i'r *Bluebirds* gan ennill Cwpan Cymru deirgwaith. Ond wrth i dîm ein prifddinas bwyso am le yn y brif adran, fe'i temtiwyd yn Nhachwedd 1970 i ymuno â Lerpwl am £110,000.

Tra'n chware yng nghrys coch Lerpwl, sgoriodd 96 o goliau mewn 236 o gemau, gan ennill y bencampwriaeth deirgwaith yn '73,'76 a '77, Cwpan yr F.A. yn '74 a chwpan UEFA yn '73 a '76.

Yn diodde'n gyson gydag anafiadau, a dal ddim ond yn 28 oed dechreuodd Toshack ystyried gyrfa fel hyfforddwr. Methodd â dod i gytundeb â'i ddewis cyntaf, clwb Caerdydd, ac felly aeth lawr yr M4 gan ymuno ag Abertawe fel chwaraewr-reolwr ym mis Mawrth 1978. Go brin y gallai

Emyr Davies yng nghwmni Tosh

unrhyw un fod wedi rhagweld llwyddiant y tymhorau nesa', wrth iddo arwain y 'Swans' o'r hen bedwaredd adran i frig yr adran gyntaf, gan ennill cwpan Cymru deirgwaith yn y broses. Ysgogodd y campau anhygoel yma Bill Shankly i ddisgrifio ei gyn-ddisgybl fel "o bosib hyfforddwr gorau'r ganrif".

Pan ddechreuodd Abertawe ddisgyn nôl lawr yr adrannau, roedd hi'n bryd am her newydd, a daeth y sialens o gyfeiriad cwbwl annisgwyl pan gafodd wahoddiad i hyfforddi Sporting Lisbon ym Mhortiwgal.

A dyna ddechrau gyrfa'r Cymro ar y cyfandir. Erbyn hyn mae wedi hyfforddi saith o glybiau mewn pump o gynghreiriau Ewropeaidd; Abertawe, Sporting Lisbon, Real Sociedad (deirgwaith), Real Madrid (ddwywaith), Deportivo, Besiktas a St Etienne.

Mi fu hefyd yng ngofal tîm cenedlaethol Cymru am un gêm, pan gollodd Cymru o dair gôl i un yn erbyn Norwy ar Barc Ninian. Hwyrach na fyddai'r bennod honno wedi digwydd o gwbwl oni bai am gyfweliad ymddangosodd ar *Sgorio*, pan fynegodd Tosh y byddai'n awyddus i "helpu" Cymru mewn unrhyw fodd posib. Wedi gweld y cyfweliad cysylltodd un o swyddogion y Gymdeithas Bêl-droed ag ef i holi a fyddai ganddo ddiddordeb mewn hyfforddi ei wlad. Roedd yn amhosib iddo dderbyn swydd lawn amser am ei fod eisoes dan gytundeb â Real Sociedad. Ond fe gafodd ganiatâd i ymgymryd â'r swydd mewn rôl rhan-amser, yn fwy o ymgynghorydd neu gyfarwyddwr technegol na 'rheolwr'. Efallai, pe bai pawb wedi deall y gwahaniaeth sylfaenol yma rhwng hyfforddwr ac ymgynghorydd, y byddai'n tîm cenedlaethol yn dal i fedru elwa o wybodaeth a phrofiad eang Toshack ar y lefel ryngwladol. Fel yr oedd hi, roedd y berthynas yn un amhosib i'w gweithredu, a Toshack am y tro cyntaf yn ei yrfa wedi gadael i'w galon reoli ei ben.

Fel rheol, 'dyw John Toshack ddim yn greadur sy'n dangos ei emosiynau'n gyhoeddus, ond mi gafodd ei frifo i'r byw gan sylwadau y rhai oedd yn ei gyhuddo o droi ei gefn ar Gymru. "Fel chwaraewr," meddai "chwaraeais ddeugain o weithiau dros fy ngwlad, ambell dro pan o'n i'n dioddef gydag anafiadau cas, ac yn cael trafferth i gerdded o'r car i'r ystafell newid oherwydd y boen". A'r 47 diwrnod yng ngofal Cymru?: "Wnes i erioed arwyddo cytundeb, a dderbyniais i'r un geiniog goch".

Dros y blynyddoedd, dwi wedi bod yn bresennol ar fwy nag un achlysur lle mae newyddiadurwr wedi cyfeirio ato fel Sais, gyda Tosh yn torri ar eu traws yn syth, *No soy Inglese soy Galese.* ("Na nid Sais, Cymro ydw i.")

Mi gyhoeddodd lyfr yn Sbaeneg yn olrhain ei dymhorau cyntaf wrth y llyw yn Real Sociedad dan y teitl – *Diario del Gales* (Dyddiadur y Cymro). Pan symudodd Alan Curtis o Abertawe i Leeds danfonodd Tosh delegram ato'n ei longyfarch ar sgorio ddwywaith yn ei gêm gynta gan gloi'r neges gyda – "Paid byth ag anghofio dy fod yn Gymro."

Lle bynnag mae'n mynd, beth bynnag mae'n ei wneud mae'n mynnu cael ei gyfarch fel Cymro ac yn ymfalchïo yn y ffaith ei fod wedi dwyn sylw i Gymru fach mewn gwledydd ac ardaloedd oedd yn cymryd yn ganiataol cyn hynny mai rhanbarth o Loegr oedd Cymru.

Cofiwch chi, mae'r ymwybyddiaeth yma o falchder a pherthyn i genedl fach, yn ei dro wedi talu ar ei ganfed i Toshack, yn enwedig yng nghlwb Real Sociedad. Go brin y byddai hyfforddwr o Sais wedi ymgartrefu mor sydyn, a deall diwylliant cenedl oedd yn brwydro'n ffyrnig am yr hawl i arddangos arwyddion ffyrdd dwyieithog, addysg ddwyieithog, a sianel deledu yn ei hiaith leiafrifol! Roedd Tosh fodd bynnag yn gallu uniaethu'n syth â'r bobl a'u dyheadau. Yn ei gyfnod

cyntaf wrth y llyw yn Real Sociedad mi ddatblygodd dîm oedd yn frith o chwaraewyr ifanc, a aeth ymlaen i ennill y Copa del Rey yn '87. Y tymor canlynol mi gyrhaeddon nhw'r ffeinal eto a dod yn ail yn y Primera. Tipyn o gamp i glwb cymharol fach oedd ar y pryd yn mynnu mai dim ond chwaraewyr o Wlad y Basg oedd yn cael chwarae i'r clwb.

Sêr amlyca'r tîm oedd Bakero, Beguiristain a Lopez Rekarte, a chwalwyd gobeithion y clwb am fwy o lwyddiant y tymor canlynol pan symudodd y tri gyda'i gilydd i Barcelona yn Haf '88. Ac fe ddechreuodd hyn ar batrwm annerbyniol yng ngolwg selogion Erreal. Y clwb yn meithrin chwaraewyr ifanc da, a'r clybiau mawr yn eu dwyn am ychydig filiynnau o besetas.

Pan ailgydiodd Toshack yn yr awennau am y trydydd tro ym mis Ionawr 2001, roedd y clwb yn wahanol iawn i'r un ymunodd e' yn '85. Roedd y tîm yn llawn tramorwyr, ac ar waelod y Primera. Ei sialens gyntaf oedd cadw'r tîm rhag disgyn i'r ail adran, tasg amhosib yn nhyb rhai, ond mi lwyddodd i wneud hynny gan orffen y tymor yng nghanol y tabl.

Does gen i ddim amheuaeth mai Real Sociedad yw cartref pêl-droed Tosh. Er iddo symud clybiau a gwledydd dros y blynyddoedd mae e' wedi cadw ei gartref yng Ngwlad y Basg, sydd drws nesaf i gwrs golff hynaf Sbaen, ac sy'n ddihangfa reolaidd iddo.

Gobaith Tosh nawr yw y gall e' ailgynnau'r fflam, ac ailadrodd llwyddiannau'r gorffennol yn Real Sociedad gan gyfuno'r hen arferion a'r newydd. "Mae'n rhaid i ni adfer y traddodiad o feithrin chwaraewyr ifanc lleol, a pheidio â gwastraffu arian mawr ar dramorwyr sydd ddim yn deall athroniaeth y clwb yma. Mae'n rhaid bod yn fwy gofalus wrth brynu tramorwyr, a sicrhau eu bod nhw'n bêldroedwyr da sydd hefyd yn barod i ddeall a derbyn diwylliant a dyheadau'r clwb."

Mae Toshack yn cael ei ystyried bellach fel un o hyfforddwyr gorau'r Cyfandir, ac mae wedi creu enw iddo'i hun fel meddyliwr craff, technegydd arloesol, cymeriad awdurdodol, a disgyblwr hallt. Mae'r ddelwedd o Tosh fel y disgyblwr mawr yn deillio o'i gyfnod cyntaf yn Real Sociedad, pan gollodd y tîm gêm gwpan yn Oviedo. Yn Sbaen mae nifer o'r gemau yn dechrau am naw o'r gloch y nos, sy'n golygu nad yw'r tîm yn eistedd i gael eu pryd o fwyd yn y gwesty wedi'r gêm tan wedi hanner nos. Fel hyn oedd hi y noson honno, pan sylwodd ar ddau chwaraewr ifanc yn gwenu'n braf. Yr eiliad honno, cododd meddyg y clwb ar ei draed a holi Tosh pa bryd fyddai'r bws yn gadael y gwesty yn y bore i deithio nôl o Oviedo i San Sebastian. "Hanner awr wedi pedwar," atebodd Toshack yn bendant. "A dwi am i'r tîm fod ar y cae ymarfer yn barod am sesiwn hyfforddi erbyn hanner awr wedi naw." Doedd y swyddogion, y chwaraewyr, nac aelodau'r wasg yn gallu credu y gallai unrhyw hyfforddwr fod mor llawdrwm ar ei chwaraewyr. Ond gwireddwyd dymuniadau yr hyfforddwr er gwaetha'r ffaith mai cwta pedair awr o gwsg gafodd pawb. "Yr hyn sy'n rhyfedd," meddai Tosh wrth hel atgofion am y digwyddiad, "dwi ddim yn gwybod pam wnes i'r fath beth". Yr hyn sy'n rhyfeddach fyth yw na chollodd Real Sociedad gêm gwpan am ddwy flynedd wedi hynny.

Ar glawr cefn ei lyfr mae gan Tosh ddyfyniad Sbaeneg: "Heddiw'n arwr. Yfory'n ddihiryn." Heddiw mae Toshack yn arwr unwaith eto yn Real Sociedad fel y bu ar adegau gwahanol yng Nghaerdydd, Lerpwl, Abertawe, Sporting Lisbon, Real Madrid, Deportivo de la Coruna, Besiktas a St Etienne. Ond mae Tosh ei hun yn ddigon craff i wybod fod yfory yn ddiwrnod arall.

# Mark Hughes

**Gorau Cymro, Cymro Oddi Cartref?**

**Golwg ar gyfnod cythryblus Mark Hughes yn Barcelona**

# Mark Hughes - Gorau Cymro, Cymro Oddi Cartref?

Does 'na ddim llawer o hogiau 12 oed o Riwabon yn derbyn cardiau Nadolig gan Manchester United, ond dyna'n union fyddai'n dod yn rheolaidd drwy flwch postio chwaraewr canol cae ifanc o'r enw Mark Hughes. Y bwriad, wrth gwrs, oedd ceisio denu'r llefnyn addawol o dîm Rhos i Old Trafford, a dau gerdyn Nadolig yn ddiweddarach, pan yn 14 oed, fe arwyddodd i'r cochion.

Ar ôl treulio dwy flynedd yno fel prentis, fe gafodd ei symud i chwarae yn y llinell flaen, a dyna pryd y gwelwyd ei ddoniau naturiol yn dod i'r amlwg gyntaf. Roedd y cryfder a'r cyflymder a ddatblygodd fel chwaraewr canol cae yn cyfuno'n berffaith efo'i reddf ymosodol, a'r bartneriaeth rhyngddo fo a Norman Whiteside arweiniodd dîm ieuenctid Man. U i ffeinal Cwpan FA 1982. Erbyn Tachwedd 1983 roedd Hughes wedi gwneud ei ymddangosiad cyntaf yn y tîm cyntaf yn erbyn Rhydychen yng Nghwpan y Cynghrair, a fo sgoriodd unig gôl ei dîm y diwrnod hwnnw. Ond nid ei gôl yn unig gafodd y sylw y Sadwrn hwnnw – roedd pawb hefyd wedi rhyfeddu at ei goesau! Yn ôl ffasiwn y cyfnod, roedd ei drowsus bach, bach, bach yn datgelu aceri o gluniau cyhyrog. Rhain oedd y coesau mwyaf pwerus welodd neb erioed!

Erbyn diwedd y tymor roedd o wedi bachu lle rheolaidd yn y tîm, ac er ennill Cwpan yr FA yn '85, sgorio 24 o goliau yn ystod y tymor a chael ei enwebu'n chwaraewr ifanc y flwyddyn, doedd bywyd ddim yn fêl i gyd i'r Cymro. Er gwaetha'i natur ffrwydrol ar y cae, roedd o'n hogyn tawel a mewnblyg oddi ar y cae. Nid oedd Ron Atkinson, ei reolwr, wedi deall y rhan hon o'i bersonoliaeth. Roedd o'n gweld ei natur dawel fel diffyg diddordeb a brwdfrydedd, ac anfonodd yr ymosodwr ymhellach i'w gragen drwy ei watwar.

Ar ôl derbyn cyngor gan ei asiant, gwrthododd Hughes, a oedd ond yn ennill £200 yr wythnos, arwyddo cytundeb newydd efo Manchester United. Sbardunodd hyn ddiddordeb mawr ynddo led-led Ewrop, yn enwedig wedi iddo sgorio deg o goliau yn y tair gêm ar ddeg gyntaf yn nhymor '85/'86. A dyna pryd canodd y ffôn yn swyddfa Ron Atkinson – ar y pen arall roedd Terry Venables, rheolwr Barcelona. Cynigiodd El Tel £2.5 miliwn i weld y tarw ifanc yn chwarae yng nghynghrair Sbaen, a derbyniodd 'Big Ron' y cynnig hwnnw. Erbyn Ionawr '86 roedd Hughes wedi cytuno i arwyddo i glwb mwya'r byd, ac arwyddodd ei gytundeb newydd ar dir niwtral y Swistir. Ond roedd yna un broblem fechan. Roedd gan Barcelona eisoes y mwyafswm o chwaraewyr tramor a ganiateid gan Gymdeithas Bêl-droed

Sbaen – ar ffurf Gary Lineker, Steve Archibald a Bernd Schuster – a doedd dim modd iddyn nhw allu mewnforio tramorwr arall tan ddiwedd y tymor. A doedden nhw chwaith ddim am i'r tri arall glywed bod chwaraewr arall ar ei ffordd rhag cynhyrfu'r dyfroedd. Gorfodwyd iddo felly gadw'r gyfrinach a dychwelyd i United i orffen y tymor.

Yr haf hwnnw aeth yr hogyn o Riwabon i ymuno â Barcelona. Cafodd ddechrau ardderchog, mewn gêm gyfeillgar yn erbyn Milan, ond buan iawn yr aeth pethau ar chwâl. Yn ifanc, swil a styfnig, roedd yn byw fel meudwy yn ei villa moethus gan wrthod pob cyfle i gymdeithasu. O fewn tri mis, tra bod Lineker yn gwneud enw iddo'i hun, roedd Hughes yn gwneud bywyd yn anodd iddo'i hun. Roedd y cyfle mwyaf y gallasai unrhyw chwaraewr ei gael, bellach yn un nad oedd o'n ei ddymuno. Tydi'r cefnogwyr Catalanaidd 'rioed wedi bod y rhai mwyaf amyneddgar, a buan iawn y dangoson nhw'u hanfodlonrwydd efo'r dull o chwarae gor-ymosodol a chorfforol a fabwysiadodd i geisio ysgwyd ei hun o iselder. Yn ôl traddodiad, chwifio'u hancesi gwynion wnaeth y 100,000 o gefnogwyr, ac roedd cymylau duon yn cronni.

"Roedd o'n ofnadwy," meddai, "dwi'n cofio edrych i fyny o gwmpas y stadiwm, a dim ond gwyn oedd i'w weld ym mhob man. Ond fy mai i oedd o. Ro'n i allan o 'nyfnder, yn Gymro ifanc dryslyd nad oedd yn dymuno bod yno beth bynnag".

Yn y cyfamser, nôl yn Old Trafford, roedd Ron Atkinson wedi cael ei olynu gan Albanwr a'r enw Alex Ferguson. Roedd Fergie yn awyddus iawn i gael Hughes yn ôl, ac fe wnaethpwyd hynny'n gwbl amlwg i'r Cymro. Bu i Hughes, nad oedd bellach yn nhîm cyntaf Barça, gyfarfod â'r rheolwr newydd pan oedd ar un o'i deithiau gartref, ac fe'i darbwyllwyd mai ym Manceinion oedd ei le. Ar ôl treulio

gweddill y flwyddyn ariannol ar fenthyciad efo Bayern Munich, fe'i prynwyd yn ôl gan United am £1.8 miliwn.

Ail ymunodd a Man. U. pan oedd y tîm ar drothwy eu cyfnod mwyaf llewyrchus erioed. Enillodd ei ail Gwpan FA yn '90, ac am ei berfformiadau rhagorol yn y crys coch fe enillodd wobr Chwaraewr y Flwyddyn yn '89 a '91. Hefyd yn '91 fe gafodd gyfle i brofi pwynt. Roedd United wedi cyrraedd rownd derfynol Cwpan Enillwyr Cwpanau Ewrop, a'u gwrthwynebwyr ar y noson fyth-gofiadwy honno yn Rotterdam oedd Barcelona! United aeth a hi, a Hughes gafodd y ddwy gôl a'i henillodd. Ond doedd dial ddim ar ei feddwl o gwbl. "Mi ges i gyfle, cyfle da yn Barcelona," meddai, "ond doeddwn i ddim yn gallu ei fachu. O'n i 'mond ishe dangos i bawb be o'n i'n gallu ei wneud, gan na wnes i gyfiawnder efo fi fy hun tra'n Barcelona". A'r hyn yr oedd o'n gallu ei wneud, fel y gwelodd miloedd yn Rotterdam y noson honno, oedd sgorio goliau oedd yn cyfri. Roedd ei ail yn fendigedig, gôl unigol bwerus a enillodd dlws Ewropeaidd cyntaf United ers 23 o flynyddoedd.

Y darn olaf yn y jigso oedd Eric Cantona. Pan gyrhaeddodd y Ffrancwr Old Trafford yn '92, roedd y wasg yn unfrydol na fyddai'r ddau yn gallu cyd-weithio ar y cae. Mawr fu eu siomiant. Ffynnodd y bartneriaeth o'r cychwyn cyntaf, ac aeth United yn eu blaenau i gipio Pencampwriaeth '93 a'i dwbl yn '94.

Ar ôl chwarae 459 o gemau a sgoio 161 o goliau i'r cythreuliaid cochion, symudodd i Chelsea yn '95, gan fynd yn ei flaen i ennill ei bedwerydd Cwpan FA yn '97 – yr unig chwaraewr gydol y ganrif i'w ennill bedair gwaith. Ym mis Rhagfyr '99, wrth gwrs, fe'i penodwyd yn reolwr cenedlaethol Cymru, ac er nad ydi o wedi cael y dechrau gorau dan haul, rhaid cofio na chafodd Alex Ferguson chwaith!

# Barça - Nid Clwb Cyffredin

## Lefi Gruffudd, cefnogwr Barça, sy'n trio deall apêl y Nou Camp

'r rhan fwyaf o ddilynwyr a chyflwynwyr *Sgorio* mae rhywbeth hynod ac unigryw yn eu denu i'r Nou Camp yn Barcelona. Ai cyd-ddigwyddiad yw hi bod cystadlaethau *Sgorio* fel arfer yn cynnig gwobrau i weld gemau yn y Nou Camp? Ond beth yw'r apêl o wylio Barcelona yn chwarae gartref? Ai'r ffaith mai'r Nou Camp yw, o bosib, stadiwm pêl-droed gorau'r byd? Neu ai'r ffaith eu bod yn denu chwaraewyr gorau'r byd? Mae hyn sicr yn denu'r gwylwyr, ond mae na rywbeth mwy na hynny am y clwb – dyma'r clwb sydd â'r dorf a'r aelodaeth fwyaf yn Ewrop a dilyniant cwbl syfrdanol y Cataloniaid. Mae eu harwyddair 'Nid Clwb Cyffredin' yn dangos ei fod yn fwy na chlwb – mae'n symbol o hunaniaeth cenedl gyfan neu "yn adlewyrchu ysbryd cenedl sydd wedi diodde" fel y dywedodd un cefnogwr.

Diodde o dan gysgod Real Madrid ma' nhw wedi ei wneud dros y blynyddoedd. Mae na jôc yn mynd o gwmpas Madrid, lle mae cefnogwr Real yn holi cefnogwr Barça: "Sawl gwaith mae Barcelona wedi ennill Cwpan Ewrop?" Ymateb ansicir cefnogwr Barça yw: "Unwaith, yn 1992." Ond yna mae cefnogwr Madrid yn ei gywiro'n smyg: "Nage, dwywaith – y cynta a'r ola!"

Mae'r gwatwar a'r casineb rhwng Barcelona a Real Madrid yn chwedlonol ac wedi datblygu am resymau hanesyddol. Ers y 30au datblygodd hunaniaeth Catalonaidd y clwb oherwydd bod Franco, ffasgydd unbeniaethol Sbaen, wedi gormesu'r Catalaniaid ar ôl y Rhyfel Cartref (1936-39) gan wahardd iaith a diwylliant y wlad, ac yn ystod y rhyfel crewyd merthyr cyntaf y clwb wrth i Lywydd Barça, Sunyol, gael ei lofruddio yn 1936 tra'n teithio ar y briffordd o Madrid. Prin iawn oedd y cyfle i'r Catalanwyr allu mynegi eu hunain a phrin iawn oedd y cyfle iddynt allu dianc rhag gormes Franco ar ôl y rhyfel, ac o dipyn i beth rhoddodd clwb pêl-droed

Barcelona gyfle i osgoi'r trais ac uno mewn achos gwrth-Sbaenaidd (er fod y clwb yn aml yn cael ei reoli gan gefnogwyr Franco!) Yn ddigon eironig daeth cyfnod mwyaf llwyddiannus Barcelona yn y 50au, er gwaethaf gormes Franco, pan oedd Kubala o Hwngari'n disgleirio i'r tîm, ac o'r cyfnod hwnnw datblygodd yr elyniaeth â Real Madrid, y clwb lwyddodd i ennill Cwpan Ewrop bump o weithiau'n olynol yn ystod y 50au.

Mae obsesiwn y Catalaniaid â'u gelynion Real Madrid wedi cynyddu dros y blynyddoedd ac yn ddi-os y gemau darbi hyn yw rhai o'r gemau gorau a mwyaf cyffrous i gael eu dangos ar *Sgorio* ar hyd y blynyddoedd. Disgrifiwyd y gêm ddarbi yma gan Bobby Robson fel gêm glwb fwya'r byd a phrin y gallai unrhyw wyliwr anghytuno â'r gosodiad hwn. Mae fel petai pobl Sbaen wedi sianelu eithafiaeth y rhyfel cartref a gelyniaeth y gorffennol ar y maes pêl-droed. Mae'r obsesiwn mor ffanaticaidd ag erioed, yn arbennig felly yn Barcelona, lle mae'r Sbaenwyr yn cyhuddo'r Catalanwyr o ddiodde o 'Madriditis'. Mewn arolwg diweddar cyfaddefodd 48% o gefnogwyr Barcelona eu bod yn cael mwy o bleser yn gweld Real yn colli na gweld eu tîm eu hunain yn ennill! Ac yn Barcelona mae rheolwyr yn cael eu barnu nid ar lwyddiant y tîm ond ar safle'r clwb mewn perthynas â Real. Er enghraifft, er i Bobby Robson ennill Cwpan enillwyr cwpanau Ewrop, Cwpan Sbaen a dod yn ail yn y gynghrair, yn ei gyfnod fel rheolwr fe'i gwelwyd yn fethiant – am mai Real oedd wedi ennill y gynghrair.

Ond i unrhyw un sy'n hoff o theatr, tensiwn, awyrgylch a phêl-droed gwych, does dim byd yn curo gwylio Barcelona yn erbyn Real yn y Nou Camp – mae'r holl achlysur yn drydannol. Mae 'na sawl moment gofiadwy dros y blynyddoedd o'r gemau hynny, yn cynnwys Barcelona yn curo Real 5-0 yn 1994, pan sgoriodd Romario dair gôl, ond yn

anffodus cafodd Real ddial gorfoleddus yn y tymor canlynol pan sgoriodd Zamorano hatric i guro Barça 5-0! Un o'r digwyddiadau cofiadwy diweddar oedd gweld Luis Figo yn dod nôl i'r Nou Camp yng nghrys gwyn Real ar ôl bradychu'r Catalanwyr – cwbl anfaddeuol, a dangosodd y dorf eu hanfodlonrwydd drwy daflu unrhyw beth o fewn cyrraedd at Figo drwy'r gêm. Clywais stori gan gyfaill o Lisbon adeg y cyfnod cythryblus pan drosglwyddwyd Figo. Bu fy nghyfaill ar wyliau yn Barcelona a pharciodd ei gar Portiwgeaidd ar linell felen nepell o'r Nou Camp. Ar ôl ei adael yno am bedwar diwrnod, nid oedd sôn am docyn na dim ar ei gar, ond y diwrnod canlynol, clywyd y newyddion am drosglwyddiad Figo i Real Madrid. O weld y car Portiwgeaidd wedi ei barcio yn ymyl y Nou Camp y bore hwnnw, fe drefnodd yr heddlu fod y car yn cael ei hel oddi yno'n syth, gan sicrhau fod y troseddwr yn cael ei ddirwyo'n drwm!

Dros y blynyddoedd mae Barcelona wedi cael sawl cyfnod gwych yn cynnwys oes aur yr 20au, pan enillodd y clwb bencampwriaeth swyddogol gyntaf Sbaen a phan ddechreuodd yr ymwybyddiaeth Gatalanaidd fod yn sylfaenol i'r clwb: 'Rydym yn adeiladu F.C. Barcelona oherwydd ein bod yn adeiladu Catalonia' oedd cri Bwrdd y clwb yn 1920. Cafwyd cyfnod godidog hefyd yn y 50au o dan arweiniad Kubala – cyfnod llwyddiannus a arweiniodd at symud i'r Nou Camp yn 1957. Hefyd cafwyd achlysuron godidog yn cynnwys gêm yn erbyn Real Sociedad yn 1976, pan oedd y Catalaniaid a'r Basgwyr o'r diwedd yn gallu datgan 'Dyma Ni' ar ôl hanner canrif o ormes Franco. Cafwyd buddugoliaeth wych hefyd yn 1979 yn erbyn Dusseldorf i ennill Cwpan Enillwyr Cwpanau Ewrop pan ddaeth dros filiwn o bobl i dathlu yn strydoedd y ddinas, a phum mis yn ddiweddarach roedd y Catalaniaid yn dathlu eto ar ôl pleidleisio 'Ie' dros ddatganoli i Catalonia. Ond

o bosib mai llwyddiant mwyaf y clwb oedd ennill Cwpan Ewrop yn 1992 gyda chic rydd enwog Ronald Koeman.

Ond yn ogystal â statws a hanes y clwb un o'r pethau mwyaf apelgar wrth ddilyn Barça yw bod rhai o chwaraewyr disgleiria'r byd yn chwarae yno. Cyn i *Sgorio* ddechrau roedd Cruyff a Maradona wedi bod yn sêr yno, ac yn ystod y deuddeg mlynedd diwethaf gwelwyd Stoichkov a'r Brasiliaid anhygoel, Romario, Ronaldo a Rivaldo ar eu gorau. Gellid dadlau i rai o'r goliau gorau erioed gael eu sgorio yn y Nou Camp, er enghraifft Romario yn rheoli'r bêl ag un cyffyrddiad cyn lobio gôl-geidwad o 30 llath, neu gellid dewis o ddegau o goliau a sgoriwyd gan Stoichkov, Ronaldo, Koeman neu Rivaldo drwy gydol y 90au. Er nad yw Barcelona wedi cael llwyddiant yn y tymhorau diwethaf, a'u bod dal i ddiawlo'r ffaith fod Real wedi bod mor llwyddiannus yn ddiweddar, mae hi wastad yn bleser gweld y stadiwm, y cefnogwyr, yr awyrgylch a chwarae dewiniol Kluivert, Rivaldo a Saviola mewn clwb sydd ymhell o fod yn gyffredin.

sgorio

Romario: un o sêr y Nou Camp yn y 90au

sgorio

# Holiadur Amanda

**Pa mor anodd oedd hi i fod y ferch gyntaf i gyflwyno pêl-droed ar S4C?**

Achos bod 'na gyn lleied o ferched yn y byd pêl-droed yn gyffredinol, roedd e'n brofiad newydd i wylwyr S4C! Roedd e'n deimlad braf iawn i gael cyfle mor wych ac i dorri tir newydd.

**Mewn dim o dro roedd posteri o Amanda Prothoroe Thomas i'w gweld ar waliau llofftydd bechgyn, ar hyd a lled Cymru. A oedd hyn yn eich synnu o gwbwl!?**

Oedd! Lot!!

**Faint o wybodaeth gefndirol am bêl-droed Ewrop oedd ganddoch cyn dechrau'r swydd?**

Dim ond y chwaraewyr a'r time amlwg i bawb.

**Yn eich barn chi ym mha gynghrair yn Ewrop y mae'r pêl-droed mwyaf deiniadiol i'w weld?**

Ma safon y chwarae yng nghynghreirie yr Eidal, Sbaen, yr Almaen a Lloegr i gyd yn uchel iawn oherwydd taw yn y gwledydd yma, wrth gwrs, ma'r chwaraewyr gore. Yn ddiweddar ma' rhai o chwaraewyr gore'r byd yn cael eu denu i Loegr achos bod yr arian yn dda – enghraifft ddiweddar o hyn yw'r Archentwr Juan Sebastian Veron yn symud o Lazio i Man U. Ond er cymaint y cyffro sydd i'w weld yn Lloegr ar hyn o bryd yn bersonol does yna ddim byd all gystadlu â'r awyrgylch trydanol sydd yng nghrochan stadiwm Y Nou Camp ym Marcelona! Yn ystod fy nghyfnod i gyda *Sgorio* – er i mi weld gemau cofiadwy yn yr Eidal a'r Almaen – yn Sbaen, a Barcelona'n arbennig, weles i'r geme gore.

Roedd cael bod ar ymyl y cae tra roedd chwaraewyr fel Ronaldo, Rivaldo a Romario yn chwarae yn brofiad ac yn fraint fythgofiadwy, ac oherwydd hynny yn Sbaen nes i brofi'r wefr fwyaf.

**A oes un gêm yn aros yn y cof am resymau arbennig?**

Y bencampwriaeth gyntaf nes i brofi, pan enillodd Atletico Madrid y Primera yn nhymor '95/'96. Roedd Atletico wedi byw yng nghysgod llwyddiannau eu cymdogion Real ers cymaint o flynydde, ac o'r herwydd pan enillodd Atletico y Primera mi aeth y cefnogwyr yn hollol, hollol wallgo! Roedd y sŵn yn fyddarol a dwi'n cofio meddwl "wi'n mynd i lefen" achos fy mod wedi 'nghyffroi cymaint! A dweud y gwir mae'n anodd cyfleu y wefr o fod yno mewn geiriau, ond wna i byth, byth, byth ei anghofio. Roedd yn braf hefyd gweld tîm gwahanol i Real Madrid a Barcelona yn ennill y bencampwriaeth.

**Yn ystod eich chwe' mlynedd a hanner fel cyflwynydd *Sgorio*, pa chwaraewr wnaeth y mwyaf o argraff arnoch? (fel pêldroedwyr hynny yw!)**

Ronaldo – ar ei ore mae ganddo'r cyfuniad o gryfder, cyflymder a sgilie. Mae e'n meddu ar y ddawn o gadw'r bêl yn agos iawn at ei draed pan yn rhedeg tuag at amddiffynwyr. Dwi'n cofio un gôl 'nath e sgorio i Barça yn erbyn Celta Vigo... mi dderbyniodd y bêl ar y linell hanner a'i gefn tuag at y gôl – roedd e'n ddigon cryf i wrthsefyll y dacl gyntaf ac ar ôl troi fe aeth heibio i bedwar neu bump o amddiffynwyr eraill cyn gosod y bêl heibio i'r gôl-geidwad. Roedd pawb wedi eu syfrdanu ac roedd yn union fel gweld cyllell twym yn mynd trwy fenyn.

**I beidio a bod yn ddi-duedd am funud, mae'n siŵr fod ganddoch eich hoff dim yn yr Eidal, Sbaen a'r Almaen?**

Barcelona, Juventus a Bayern Munich

**Ydych chi'n meddwl fod Morgan wedi llwyddo i lenwi'r bwlch a adawyd ar eich hôl!?**

Ydw i! Mae'n neud job crand.

**Pe byddech wedi cael y cyfle i newid unrhyw beth am *Sgorio*, beth fyddai hwnnw?**

Eitemau 'spesial' am unigolion neu dimau.

**Ers i chi orffen cyflwyno, ydych chi wedi'ch temtio i fynd dramor a gwylio gêm, a hynny o ddewis eich hun?**

Ydw!! Oes eisiau gofyn ymhle?… Barcelona! Er ei fod yn fraint cael mynd i'r gemau fel cyflwynydd *Sgorio*, a chael cyfarfod a chyfweld y chwaraewyr yn ogystal â chael mynd ar y cae ei hun, mi fydde'n braf iawn cael bod yna yn gweiddi gyda'r cefnogwyr go-iawn, a dathlu yn eu cwmni ar ôl y gêm, yn hytrach na gorfod poeni am gofio llinellau, a meddwl am godi'n gynnar er mwyn hedfan yn ôl ben bore a gyrru ymlaen i Gaernarfon!

**Efallai i chi lwyddo a chynyddu diddordeb y dynion yn y raglen, ond ydych chi'n meddwl fod Morgan yn llwyddo'i ddenu diddordeb y merched!?**

I weud y gwir, os ma pobol yn mwynhau pêl-droed ma nhw'n mynd i wylio *Sgorio*, ma'r cyflwynydd yn bonws, ac wi'n siŵr bod y merched sy'n joio'r gêm hefyd yn hoffi gweld Morgan!

**Ydych chi'n cefnogi tîm yn yr Uwch Adran yn Lloegr?**

Ydw, Lerpwl… pwy arall!!

**Oes ganddoch chi ddiddordebau y tu allan i bêl-droed?**

Oes! Sglefrolio gyda fy nghi – Guinness! – ymarfer corff, deifio, coginio a DIY o gwmpas y tŷ!

**Fe fyddai nifer yn dadlau mai hon yw'r swydd ddelfrydol, yn cael eich talu i wylio a thrafod pêl-droed. Ydi'r swydd yn fêl i gyd?**

Ydy, heblaw am y siwrne lan a lawr yr A470 bob wsnos!!

**Gyda pwy y cafoch y cyfweliad mwyaf cofiadwy?**

Louis van Gaal – ar y noswaith enillodd Barcelona y bencampwriaeth. Ar y chwib ola, rhuthrodd pawb ar y cae… ffotograffwyr, gohebwyr a.y.y.b! Pawb eisiau siarad â'r rheolwr! Ond roedd van Gaal yn gwrthod rhoi cyfweliad i unrhyw un. Wel, o'n i'n meddwl, mae'n rhaid i mi o leia fentro'i gyfarch, ac yn ffodus iawn, am fy mod wedi cyffroi cymaint, siŵr o fod, pan es i i'w longyfarch, fe ddechreuon ni gael sgwrs naturiol, a chyn pen dim roedd y cyfweliad 'egsliwsif' yn cael ei ddarlledu'n fyw ar Sky.

# Ambell Ffaith am Sgorio

Darlledwyd y rhifyn cyntaf o Sgorio ar Fedi'r 5ed 1988 am 7.30 y.h.

Mewn cyfres o Sgorio gwelir tua 1,700 o goliau!

500fed rhifyn Sgorio oedd rhaglen olaf Amanda Protheroe-Thomas.

Mae Pencadlys Sgorio mewn hen festri yng Nghaernarfon.

Yn nyddiau cynnar y rhaglen roedd pob math o chwaraeon yn cael eu dangos ar Sgorio, yn cynnwys: rygbi'r gynghrair, ralio, hoci iâ, dringo, bocsio Thai, hyrlio, bocsio, canwio, rafftio a sglefrio.

Sgorio oedd yr unig raglen ym Mhrydain i roi sylw teilwng i rownd derfynol Cwpan y Byd i ferched yn 1999!

Erbyn diwedd tymor 2001/2002 bydd Sgorio wedi darlledu dros 1,250 o gemau sylwebaeth!

Mae cariwr mwyaf profiadol Sgorio, Richard Pritchard, wedi teithio dros 1,500,000 o gilometrau i nôl tapiau i'r rhaglen – pellter sy'n cyfateb i fynd i'r lleuad ac yn ôl, ddwywaith! (gweler tud. 81)

Dylan, Emyr ac Amanda

Taith Sgorio

# Pencampwyr Yr Eidal

| 1898 | Genoa | 1899 | Genoa | 1900 | Genoa |
|------|-------|------|-------|------|-------|
| 1901 | Milan | 1902 | Genoa | 1903 | Genoa |
| 1904 | Genoa | 1905 | Juventus | 1906 | Milan |
| 1907 | Milan | 1908 | Pro Vercelli | 1909 | Pro Vercelli |
| 1910 | Internazionale | 1911 | Pro Vercelli | 1912 | Pro Vercelli |
| 1913 | Pro Vercelli | 1914 | Casale | 1915 | Genoa |
| | | | | | |
| 1920 | Internazionale | 1921 | Pro Vercelli | | |
| 1922 | Novese | 1922 | Pro Vercelli | 1923 | Genoa |
| 1924 | Genoa | 1925 | Bologna | 1926 | Juventus |
| 1927 | Torino | 1928 | Torino | 1929 | Bologna |
| 1930 | Ambrosiana-Inter | 1931 | Juventus | 1932 | Juventus |
| 1933 | Juventus | 1934 | Juventus | 1935 | Juventus |
| 1936 | Bologna | 1937 | Bologna | 1938 | Ambrosiana-Inter |
| 1939 | Bologna | 1940 | Ambrosiana-Inter | 1941 | Bologna |
| 1942 | Roma | 1943 | Torino | | |
| | | | | | |
| 1946 | Torino | 1947 | Torino | 1948 | Torino |
| 1949 | Torino | 1950 | Juventus | 1951 | Milan |
| 1952 | Juventus | 1953 | Internazionale | 1954 | Internazionale |
| 1955 | Milan | 1956 | Fiorentina | 1957 | Milan |
| 1958 | Juventus | 1959 | Milan | 1960 | Juventus |
| 1961 | Juventus | 1962 | Milan | 1963 | Internazionale |
| 1964 | Bologna | 1965 | Internazionale | 1966 | Internazionale |
| 1967 | Juventus | 1968 | Milan | 1969 | Fiorentina |
| 1970 | Cagliari | 1971 | Internazionale | 1972 | Juventus |
| 1973 | Juventus | 1974 | Lazio | 1975 | Juventus |
| 1976 | Torino | 1977 | Juventus | 1978 | Juventus |
| 1979 | Milan | 1980 | Internazionale | 1981 | Juventus |
| 1982 | Juventus | 1983 | Roma | 1984 | Juventus |
| 1985 | Hellas – Verona | 1986 | Juventus | 1987 | Napoli |
| 1988 | Milan | 1989 | Internazionale | 1990 | Napoli |
| 1991 | Sampdoria | 1992 | Milan | 1993 | Milan |
| 1994 | Milan | 1995 | Juventus | 1996 | Milan |
| 1997 | Juventus | 1998 | Juventus | 1999 | Milan |
| 2000 | Lazio | 2001 | Roma | | |

# Yr Eidal - Timau 2001/2002

| Tîm | Dinas | |
|-----|-------|---|
| 1 | Roma | Rhufain |
| 2 | Juventus | Tiwrin |
| 3 | Lazio | Rhufain |
| 4 | Parma | Parma |
| 5 | Inter | Milan |
| 6 | Milan | Milan |
| 7 | Atalanta | Bergamo |
| 8 | Brescia | Brescia |
| 9 | Fiorentina | Fflorens |
| 10 | Bologna | Bologna |
| 11 | Perugia | Perugia |
| 12 | Udinese | Udine |
| 13 | Lecce | Lecce |
| 14 | Verona | Verona |
| 15 | Torino | Tiwrin |
| 16 | Piacenza | Piacenza |
| 17 | Chievo | Verona |
| 18 | Venezia | Fenis |

## Tabl Prif Sgorwyr 2000-2001

| Nifer | Enw | Clwb |
|-------|-----|------|
| 26 | Hernan CRESPO | Lazio |
| 24 | Andrej SHEVCHENKO | Milan |
| 22 | Enrico CHIESA | Fiorentina |
| 20 | Gabriel BATISTUTA | Roma |
| 18 | Christian VIERI | Inter |
| 17 | Dario HUBNER | Brescia |
| 16 | Giuseppe SIGNORI | Bologna |
| 15 | Marco DI VAIO | Parma |
| 14 | David TREZEGUET | Juventus |
| | Vincenzo MONTELLA | Roma |
| | Roberto SOSA | Udinese |

# Tabl Terfynol Serie A 2000/2001

| | | | cartref | | | | | | oddi cartref | | | | | | |
|---|---|---|---|---|---|---|---|---|---|---|---|---|---|---|---|
| | | ch | e | cf | c | s | i | e | cf | c | s | i | gg | pw |
| 1 | Roma | 34 | 12 | 5 | 0 | 33 | 13 | 10 | 4 | 3 | 35 | 19 | +36 | 75 |
| 2 | Juventus | 34 | 11 | 5 | 1 | 32 | 13 | 10 | 5 | 2 | 29 | 14 | +34 | 73 |
| 3 | Lazio | 34 | 13 | 2 | 2 | 36 | 13 | 8 | 4 | 5 | 29 | 23 | +29 | 69 |
| 4 | Parma | 34 | 9 | 4 | 4 | 32 | 12 | 7 | 4 | 6 | 18 | 19 | +19 | 56 |
| 5 | Inter | 34 | 9 | 6 | 2 | 27 | 19 | 5 | 3 | 9 | 20 | 28 | 0 | 51 |
| 6 | Milan | 34 | 9 | 6 | 2 | 35 | 20 | 3 | 7 | 7 | 21 | 26 | +10 | 49 |
| 7 | Atalanta | 34 | 4 | 9 | 4 | 16 | 14 | 6 | 5 | 6 | 22 | 20 | +4 | 44 |
| 8 | Brescia | 34 | 7 | 7 | 3 | 22 | 16 | 3 | 7 | 7 | 22 | 26 | +2 | 44 |
| 9 | Fiorentina | 34 | 8 | 4 | 5 | 32 | 25 | 2 | 9 | 6 | 21 | 27 | +1 | 43 |
| 10 | Bologna | 34 | 9 | 4 | 4 | 26 | 22 | 2 | 6 | 9 | 23 | 31 | -4 | 43 |
| 11 | Perugia | 34 | 6 | 7 | 4 | 26 | 21 | 4 | 5 | 8 | 23 | 32 | -4 | 42 |
| 12 | Udinese | 34 | 7 | 2 | 8 | 32 | 30 | 4 | 3 | 10 | 17 | 29 | -10 | 38 |
| 13 | Lecce | 34 | 6 | 5 | 6 | 25 | 30 | 2 | 8 | 7 | 15 | 24 | -14 | 37 |
| 14 | Verona* | 34 | 9 | 4 | 4 | 26 | 25 | 1 | 3 | 13 | 14 | 34 | -19 | 37 |
| 15 | Reggina* | 34 | 8 | 4 | 5 | 17 | 17 | 2 | 3 | 12 | 15 | 32 | -17 | 37 |
| 16 | Vicenza | 34 | 6 | 5 | 6 | 19 | 21 | 3 | 4 | 10 | 18 | 30 | -14 | 36 |
| 17 | Napoli | 34 | 5 | 7 | 5 | 22 | 22 | 3 | 5 | 9 | 13 | 29 | -16 | 36 |
| 18 | Bari | 34 | 5 | 2 | 10 | 22 | 31 | 0 | 3 | 14 | 9 | 37 | -37 | 20 |

• **Cynghrair y pencampwyr** • **Rownd Ragbrofol Cynghrair y Pencampwyr** • Cwpan UEFA • Disgyn i'r ail adran

\* Verona yn aros yn Serie A ar ôl curo Reggina dros ddau gymal mewn gem ail-gyfle

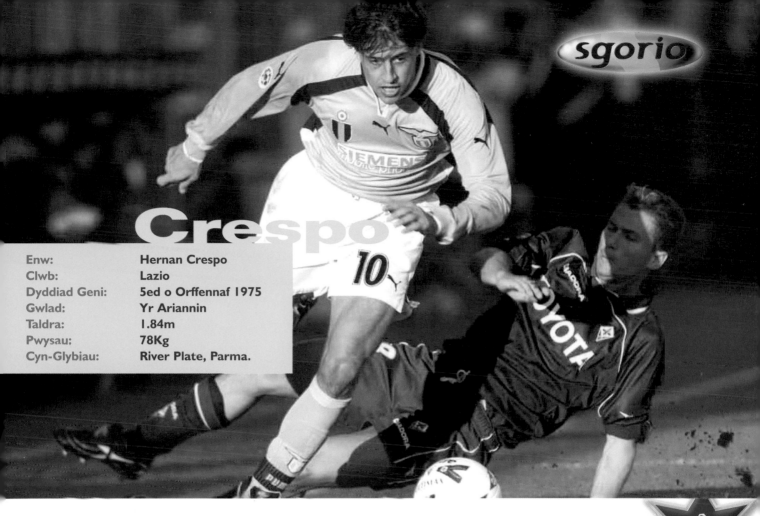

# Crespo

| | |
|---|---|
| **Enw:** | **Hernan Crespo** |
| **Clwb:** | **Lazio** |
| **Dyddiad Geni:** | **5ed o Orffennaf 1975** |
| **Gwlad:** | **Yr Ariannin** |
| **Taldra:** | **1.84m** |
| **Pwysau:** | **78Kg** |
| **Cyn-Glybiau:** | **River Plate, Parma.** |

Yn Haf 2000, symudodd Hernan Crespo i Lazio am swm swmpus o £12 miliwn, yn dilyn tymor llwyddiannus efo Parma, pryd y daeth yn ail yn nhabl y prif sgorwyr. Rhwydodd ar gyfartaledd gôl bob dwy gêm, sydd yn record gwych yn Serie A.

Am ran helaeth o'i yrfa, mae Crespo wedi byw yng nghysgod ei gyd-Archentwr, Gabriel Batistuta. Fodd bynnag, yn y ddau dymor diwethaf llwyddodd blaenwr Lazio i orffen yn uwch na 'Batigol' yn nhabl y prif sgorwyr, sydd yn ei wneud yn ffefryn i arwain llinell flaen Yr Ariannin pan ddaw Cwpan y

Byd. Yn wir, gorffennodd Crespo y tymor diwethaf yn brif sgoriwr y cynghrair gyda chwech ar hugain o goliau, chwe gôl yn fwy na Batistuta, oedd yn bedwerydd.

Un o brif obeithion Hernan Crespo pan symudodd i Rufain, oedd ennill un o gwpanau Ewrop. Yn dilyn prinder llwyddiant tra'n chwaraewr gyda Parma, roedd yn ffyddiog y byddai symud i un o dimau cryfaf y cynghrair yn gwireddu ei freuddwyd. Yn wir, llwyddodd Lazio i sicrhau eu lle yng Nghynghrair y Pencampwyr, ble fydd presenoldeb Crespo yn sicr o brofi'n amhrisadwy.

**sêr**

**Batistuta**

| | |
|---|---|
| **Enw:** | **Gabriel Batistuta** |
| **Clwb:** | **Roma** |
| **Dyddiad Geni:** | **1af o Chwefror '69** |
| **Gwlad:** | **Yr Ariannin** |
| **Taldra:** | **1.85m** |
| **Pwysau:** | **73Kg** |
| **Cyn-Glybiau:** | **Newells Old Boys, River Plate, Boca Juniors, Fiorentina** |

Yn ôl nifer, Gabriel Batistuta ydi'r blaenwr delfrydol, yn gryf ar ei draed ac yn yr awyr, yn chwim, a chanddo gic mul gyda'i droed dde. O ganlyniad, ym mis Mai 2000, torrodd galonnau cefnogwyr Fiorentina, pan symudodd i Roma am £22 miliwn, a hynny wedi naw mlynedd yn y Stadio Artemio Franchi. Yn wir, bu i Batistuta gael ei ystyried fel duw yn ystod ei gyfnod yn Fflorens, a bedyddiwyd ef â'r enwau 'Batigol' a'r 'Angel Gabriel'. Yn ystod ei gyfnod yno, fe dorrodd record sgorio'r clwb, trwy rwydo 152 o goliau mewn 243 o gemau. Bellach, 'Batigol' yw chweched prif sgoriwr Serie A erioed. Yn ogystal

mae'n dal y record am fod yr unig chwaraewr yn hanes Serie A i sgorio mewn un ar ddeg o gemau yn olynol, a hynny nôl yn nhymor 1994/95.

Pan symudodd y blaenwr i Rufain ar ddechrau'r tymor diwethaf, roedd ei gytundeb cyflog yn record byd – enillai swm anferth o £5 miliwn y flwyddyn. Gellir dadlau iddo fod werth pob ceiniog, oherwydd yn ei dymor cyntaf, llwyddodd i sgorio ugain o goliau, goliau a helpodd i sicrhau'r cynghrair i Roma am y tro cyntaf er 1983.

Record arall sy'n eiddo i'r Archentwr yw'r ffaith ei fod yn brif sgoriwr ei wlad gyda 53 o goliau. Bu iddo hyd yma gynrychioli ei wlad mewn dau Gwpan Byd, yn '94 a '98. Yng nghwpan y byd '98, cafodd ei adael allan o'r tîm am gyfnod, a hynny am fod ei wallt yn rhy hir a blêr! Prif lwyddiant Batistuta hefo'i wlad hyd yma, yw ennill y 'Copa America' ddwy waith, y tro diwethaf yn 1993.

Pan arwyddodd Batistuta i Roma flwyddyn yn ôl, dywedodd y byddai'n ymddeol pan fyddai ei gytundeb yn dod i ben yn 2003. P'run a yw hyn yn wir, amser a ddengys, ond un peth sy'n sicr, mae digon o fywyd ar ôl yn 'Batigol' o hyd, digon o fywyd ynddo i dorri ambell i record arall.

# AS Roma Spa

| | |
|---|---|
| **Enw Swyddogol:** | **AS Roma Spa** |
| **Cyfeiriad:** | **Via di Trigoria, km 3,600-00128 Rhufain** |
| **Ffôn:** | **++39 06 5060200** |
| **Ffacs:** | **++39 06 5061736** |
| **E-Bost:** | **info@asromacalcio.it** |
| **Safle'r We:** | **www.asromacalcio.it** |
| **Stadiwm:** | **Stadio Olimpico** |
| **Cae Ymarfer:** | **Canolfan Chwaraeon Fulvio Bernardini yn Trigoria.** |
| **Lliwiau Adref:** | **Crysau coch gyda rhimyn melyn, Trowsusau bach gwyn gyda streipiau melyn a choch, sanau duon.** |
| **Lliwiau Eraill:** | **Crysau gwyn gyda streipiau llorweddol melyn, coch a du ar y 'sgwyddau. Trowsusau bach gwyn gyda llinellau fertigol melyn a choch. Neu, crysau llwyd gyda streipiau oren fertigol, troswsusau bach llwyd gyda rhimyn melyn a sanau llwyd.** |
| **Noddwyr Crysau:** | **INA Assitalia** |
| **Ffug Enwau:** | **I Giallorossi (melyn-coch), a I Lupi (Y Bleiddiaid).** |

Sefydlwyd AS Roma yn 1927, pan ddaeth tri prif glwb y ddinas – Alba, Fortitudo a Roman at ei gilydd i ffurfio Associazone Sportiva Roma.

Yn 1942, symudodd y clwb i'r Stadio del Partito Nazionale, ac yn yr un tymor, llwyddasant i gipio'u tlws cyntaf – y Bencampwriaeth.

O ystyried fod Roma'n cael eu hystyried i fod yn un o brif glybiau'r Eidal, prin iawn fu'r llwyddiannau, a theg dweud fod y clwb wedi bod yn byw yng nghysgod eu cymdogion, Lazio, dros y blynyddoedd, ac yn arbennig yn y nawdegau. I gefnogwyr 'Y Bleiddiaid', mae buddugoliaethau dros eu cymdogion cyfagos yn fwy gwerhfawr nag unrhyw dlws posib. Fodd bynnag, anodd iawn oedd hi i'r cefnogwyr ar ddiwedd tymor '99/'00, pan lwyddodd Lazio i gipio'r Bencampwriaeth am yr ail dro yn eu hanes.

Dychwelyd i'r Stadio Olimpico wnaeth y Scudetto y tymor diwethaf

Assuncao

hefyd ('00/'01), ond y tro yma, cyfle cefnogwyr Roma oedd hi i ddathlu, gan ennill Serie A am y trydydd tro yn eu hanes. Wedi gorffen yn barchus o uchel yn y pedwar tymor a arweiniodd at y Bencampwriaeth, roedd y clwb o'r diwedd wedi gwneud eu marc ar Serie A, ac o'r diwedd roedd ganddynt ddigon o hyder a digon o sêr yn y garfan i allu cystadlu â'r clybiau mawr.

Rhaid oedd aros tan ddiwrnod olaf y tymor cyn sicrhau'r Bencampwriaeth, a hynny er iddynt ar un adeg fod â naw pwynt o fantais ar y brig. Er hynny, gellir dadlau fod cipio'r teitl ar ddiwrnod olaf y tymor yn gwneud yr holl ddathliadau tipyn yn felysach, ac yn halen ar friwiau cefnogwyr y cymdogion.

Gyda phen blwydd y clwb yn 75 mlwydd oed yn agosau, mae'r dyfodol yn edrych yn addawol i AS Roma, a'r gobaith ydi y bydd y llwyddiant diweddar yn denu mwy o enwau mawr i ymuno â Gabriel Batistuta a Francesco Totti – yn enwedig os y bydd Fabio Capello yn aros am flynyddoedd fel hyfforddwr.

**Pencampwyr Serie A:**
'42, '83, '01

**Cwpan Yr Eidal:**
'64, '69, '80, '81, '84, '86, '91.

**Cwpan UEFA:**
'61

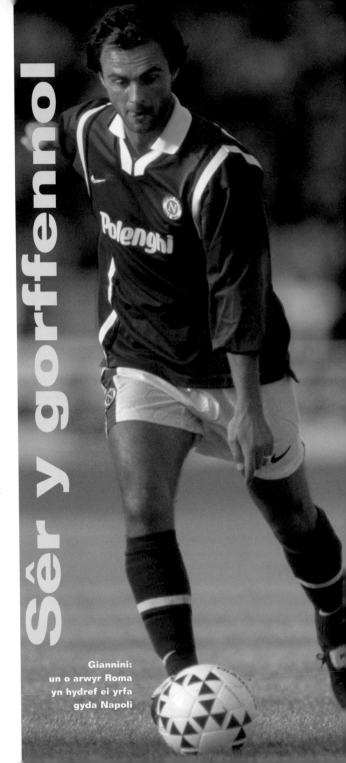

## Amedo Amadei

Ers hanner canrif, Amadei sydd â record sgorio Roma, gyda 125 o goliau mewn 234 o gemau. Chwaraeodd ran allweddol yn llwyddiant y clwb, nôl yn nhymor 1941/42, pan gipiodd AS Roma Serie A am y tro cyntaf yn eu hanes. Llwyddodd i rwydo pedair gôl ar bymtheg y tymor hwnnw, a hynny mewn dim ond deg ar hugain o gemau.

## Giacomo Losi

Yn dal y record am y nifer mwyaf o ymddangosiadau dros AS Roma, chwaraeodd Losi 386 o gemau i'r clwb. Yn ystod ei bymtheg mlynedd yn Rhufain, gwnaeth ei farc fel un o'r amddiffynwyr mwyaf dibynadwy yn y cynghrair.

Daeth uchafbwynt ei yrfa o bosib yn 1964, pan enillodd Roma Gwpan yr Eidal am y tro cyntaf. Cafodd y fraint hefyd o gynrychioli ei wlad ar un ar ddeg achlysur.

## Giuseppe Giannini

Ystyrir Giannini hyd heddiw yn arwr ymysg cefnogwyr 'Y Bleiddiaid'. Caiff ei gofio'n bennaf am sgorio'r gôl fuddugol yn rownd gyn-derfynol Cwpan Yr Eidal yn erbyn Fiorentina nôl yn 1986. Aeth y tîm ymlaen i guro Sampdoria yn y rownd derfynol. Teg dweud fod Giannini yn fwy adnabyddus ymysg cefnogwyr Roma, fel 'Il Prince' (Y Tywysog), yn fwy o ffefryn na chyn-sêr megis, Rudi Voller ac Abel Balbo.

## Carlo Ancelotti

Er iddo sgorio ond un gol yn ystod llwyddiant ei glwb yn nhymor '82/'83, mae'n cael ei ystyried yn arwr yn y Stadio Olympico, a hynny oherwydd ei ddawn i droi gêm pan fyddai pethau'n edrych yn ddrwg. Ancelotti oedd asgwrn cefn y tîm yn ystod tymor y Scudetto, ac yn ôl nifer, fe ddylai fod wedi ennill mwy na'r 13 cap a gafodd dros ei wlad.

Giannini:
un o arwyr Roma
yn hydref ei yrfa
gyda Napoli

Y San Siro dan ei sang

# Serie A - Tymor 2001/2002

## Roma

Er mai clybiau Rhufain – Roma a Lazio, sydd wedi ennill y Scudetto am y ddau dymor diwethaf, dechrau hynod siomedig mae'r ddau wedi cael i'r tymor newydd. Does gan y naill glwb na'r llall draddodiad o deyrnasu'n hir fel pencampwyr, gyda Roma yn ennill y gyntaf o'u tair pencampwriaeth mor bell yn ôl â 1942, gan aros bron i ddeugain mlynedd am y nesaf yn 1983, a deunaw mlynedd tan llwyddiant y tymor diwethaf. Wrth gwrs, gyda Fabio Capello wrth y llyw a Gabriel Batistuta yn y linell flaen, dim ond ffŵl fyddai'n eu diystyru'n llwyr, ond rywsut y teimlad cyffredinol yw y bydd y tymor hwn yn un anodd i Roma, ac mai llwyddo yng Nghynghrair y Pencampwyr fydd blaenoriaeth y clwb.

## Lazio

Os ydi dechrau Roma wedi bod yn simsan mae dechrau Lazio wedi bod yn waeth fyth. Mi aethon nhw drwy fis Medi 2001 heb ennill gêm, gan golli eu tair gêm yng Nghynghrair y Pencampwyr, a methu ag ennill yr un o'u pum gêm gyntaf yn Serie A. Doedd hi fawr o syndod felly, taw Dino Zoff oedd yr hyfforddwr cyntaf i golli ei swydd yn yr Eidal y tymor yma, gydag Alberto Zacheroni yn cymryd ei le wrth y llyw. Mae'n wir dweud fod Lazio wedi colli chwaraewyr allweddol yn ystod yr Haf, tebyg i Juan Veron a Pavel Nedved. Ond maen nhw hefyd wedi gwario ar chwaraewyr safonol tebyg i Gaizka Mendieta, Jaap Stam, a'r Eidalwr croenddu Eidalaidd cyntaf i chwarae dros y clwb, Fabio Liverani. A gydag ymosodwyr o safon Hernan Crespo, Simone Inzaghi a Claudio Lopez, mae'r goliau yn siŵr o ddechrau llifo, ac mi fyddai'n syndod mawr pe na bai Lazio yn y chwech uchaf ar ddiwedd y tymor.

## Juventus

Yn ôl y gwybodusion, un o glybiau mawr y Gogledd, Juventus, AC Milan, neu Inter Milan sy'n debygol o gipio'r Scudetto eleni. Juventus, wrth gwrs, yw tîm mwyaf llwyddiannus yr Eidal, ac maent eisoes wedi cipio'r Scudetto bum gwaith ar hugain*. O safbwynt prynu a gwerthu chwaraewyr, mi fu'n Haf digon cymysglyd. Ymadawodd y ffefryn mawr Zinedine Zidane i Real Madrid am record byd o £48m, ac aeth Filippo Inzaghi i Milan am £23m. Ond mi greodd y clwb hanes wrth brynu hefyd, gan dalu'r swm mwyaf erioed am golwr wrth ddenu Gianluigi Buffon o Parma am £32m. Cryfhawyd yr amddiffyn a'r canol cae drwy dalu yn agos i £50m am Lilian Thuram o Parma a Pavel Nedved o Lazio. Yn yr ymosod daeth Marcello Salas o Lazio a Nicola Amoruso o Napoli. Ond mae dechrau gwefreiddiol Alessandro Del Piero a David Trezeguet i'r tymor newydd yn golygu eu bod hi'n anodd gweld unrhyw un arall yn cael cyfle o flaen gôl. Mae'r cydbwysedd o fewn y tîm i'w weld yn iawn, a gyda Marcello Lippi wrth y llyw, mi fyddai unrhyw beth llai nag ennill y Bencampwriaeth y tymor hwn yn arwydd o fethiant.

## Inter Milan

Er holl wario Inter Milan dros y blynyddoedd diwethaf, a chymaint o dymhorau yn dechrau â gobeithion mawr, mae'n amser bellach i Inter roi'r gorau i freuddwydio a dechrau ennill pethau. Ydi, mae'n wir iddyn nhw ennill Cwpan UEFA yn '98, ond dim ond unwaith yn yr ugain mlynedd diwetha' ma' nhw wedi ennill Pencampwriaeth yr Eidal, a hynny nôl yn 1989 o dan ddylanwad yr Almaenwyr Lothar Matthaus ac Andreas

Brehme. Ond mae'r tymor yma wedi dechrau yn fwy ffafriol i'r Nerazzurri, a gyda Ronaldo, gobeithio, yn agosau at fod yn holliach eto, mi allen ni weld y bartneriaeth ymosodol orau yn y byd ar bapur – Ronaldo a Vieri – yn gwireddu'r potensial hwnnw ar y cae. Un rheswm arall falle mai hwn fydd tymor Inter yw'r ffaith i Angelo Moratti – tad y llywydd presennol – ennill y Scudetto gyda'i nawfed hyfforddwr – yr Archentwr Helenio Herrera. Archentwr yw hyfforddwr presennol y clwb, Hector Cuper, a fe, ie, yw nawfed hyfforddwr yng nghyfnod y mab Massimo Moratti fel llywydd.

## A C Milan

Tra bod Inter wedi cael cyfnod cymharol hesb, mae eu cymdogion AC Milan wedi ennill y Scudetto ym mhump o'r deg tymor diwethaf, ac fe allwch chi fod yn saff y bydd y Rossonerri yn herio eto eleni. Y teimlad o fewn y clwb yw mai dyma'r tîm mwyaf cyffrous ers dyddiau Gullit, Van Basten, a Rijkaard. Yn sicr mae dyfodiad Rui Costa o Fiorentina am £27m wedi creu tipyn o gynnwrf, ac mae'r ffaith fod chwaraewyr o safon Redondo, Helveg, Jose Mari a Javi Moreno, yn gorfod bodloni ar fywyd ar y fainc yn dangos cryfder y garfan. Yn yr ymosod, mae Pippo Inzaghi wedi ymuno o Juventus fel partner i'r anfarwol Andrej Shevchenko, y peiriant sgorio o'r Iwcrain oedd wedi sgorio 48 o goliau mewn 66 o gemau Serie A hyd at ddechrau'r tymor presennol – record heb ei hail.

## Parma

Yn ystod y degawd diwetha mae Parma wedi ennill Cwpan Enillwyr Cwpanau Ewrop, Cwpan UEFA ddwywaith a'r Supercopa Europa. Tipyn o lwyddiant felly yn Ewrop, ond

dyw'r clwb erioed wedi ennill y Scudetto. Ar bapur dyw'r garfan ddim mor gryf ag y bu y tymhorau diwethaf, ac er y bydd disgwyl iddyn nhw bwyso am le yn Ewrop eto y tymor nesa', mae'n anhebygol y byddan nhw'n codi'r Scudetto am y tro cyntaf yn eu hanes ar ddiwedd y tymor hwn.

## Chievo

Go brin fod rhai o selogion mwyaf pêl-droed Ewropeaidd yn gwybod rhyw lawer am glwb bach Chievo cyn iddyn nhw ennill dyrchafiad i Serie A ar ddiwedd y tymor diwetha'. Sefydlwyd y clwb mor bell yn ôl â 1929, ond clwb amatur ydoedd tan 1986 pan enillon nhw ddyrchafiad i Serie C2, sy'n cyfateb i drydedd adran y Nationwide. Yn rhyfeddol, bum mlynedd yn ddiweddarach, maen nhw'n chwarae yn un o brif adrannau'r byd. Ardal yn ninas Verona gyda 2,700 o drigolion yw Chievo, ac os roedd hi'n stori dylwyth teg i'r clwb gyrraedd Serie A, roedd dechrau'u tymor cyntaf erioed gyda'r *elite* yn fwy anghredadwy fyth. Erbyn diwedd mis Medi, roedd Chievo'n ail yn Serie A ac wedi ennill pedair o'u pum gêm gyntaf. Mae'n ormod i ddisgwyl falle i wythnos gwas newydd Chievo barhau am dymor cyfan, ond mae enwau chwaraewyr tebyg i Perrotta a Marazzina eisoes wedi'u cofnodi yn y llyfrau hanes.

*Ar ôl ennill y Scudetto ddeg o weithiau mae gan glwb yr hawl i arddangos seren ar eu crysau. Juventus yw'r unig glwb sydd â dwy seren ar eu crysau.

# John Charles
# "IL BUONO GIGANTE"

## Morgan Jones sy'n edrych ar yrfa un o fawrion Cymru a Juventus

Mae eu lluniau'n addurno waliau'r Stadio Delle Alpi, a bydd eu campau'n fyw am genedlaethau yng nghof eu cefnogwyr – chwaraewyr fel Sivori, Bonipeti, Zoff, Causio, Gentile, Cabrini, Tardelli, Rossi, Bettega a Zidane. Dyma'r criw dethol sydd wedi eu hanfarwoli am ddisgleirio yng nghrys du a gwyn Juventus. Ond bron i ddeugain mlynedd ar ôl iddo wisgo crys rhif 9 Juve am y tro olaf, mae'r lle canolog ymysg lluniau'r *elite* yma yn dal i gael ei neilltuo i un Cymro arbennig – John Charles, neu fel y'i galwyd yn yr Eidal – "*Il Buono Gigante*", Y Cawr Addfwyn.

Dechreuodd John Charles ei yrfa ym myd pêl-droed fel un o ofalwyr y cae yn Abertawe, ond cafodd ei fachu o fewn dim gan sgowt i Leeds oedd yn byw rownd y gornel o'r Vetch. Ymddangosodd am y tro cyntaf yn nhîm cyntaf Leeds pan oedd ond yn 17 mlwydd oed, a chafodd ei gap cynta dros Gymru yn 18 oed. Yn 1957 arwyddodd i Juventus am £67,000 – swm anhygoel yn y dyddiau hynny, ac yn record yng ngwledydd Prydain.

Roedd ei dymor cynta'n yr Eidal yn un campus. Fo oedd *capocannoniere* (prif sgoriwr) Serie A efo 28 o goliau, enillodd Juve y bencampwriaeth am y tro cynta mewn chwe mlynedd, ac fe gafodd Charles ei ddewis yn bêldroediwr y flwyddyn yn yr Eidal. "Roedd yn anhygoel," meddai, "roedd y stadiwm wastad yn llawn. Pan o'n i'n mynd allan doeddwn i ddim yn gallu symud gan fod cymaint o bobl awydd siarad efo fi

wrth i mi gerdded lawr y stryd. Roedd e fel un parti mawr." Roedd Charles bellach yn seren, fo oedd David Beckham ei gyfnod.

Yn chwe throedfedd a dwy fodfedd o daldra, ac yn pwyso 13 stôn, roedd o hefyd yn gryf a chyflym. Meddai ar ergyd nerthol a'r gallu i benio na welwyd ei fath o'r blaen. Erbyn diwedd y tymor roedd Juve yn ystyried bod y cawr o Gymro werth £150,000 – swm a fyddai'n ei wneud y chwaraewr dryta'n y byd. Yn sicr, doedd o ddim yn difaru ymuno â'r clwb o Diwrin. Roedd o'n byw mewn palas 200 oed ar fryncyn uwch yr afon Po, cadwai seler win, roedd yn berchen ar dŷ bwyta a nifer o geir drudfawr. Ond pan arwyddodd o ei gytundeb ar Ebrill 18, 1957 yng Ngwesty'r Queens yn Leeds, doedd o ddim wedi rhagweld y byddai un broblem yn ei boeni

gydol ei ddyddiau yn yr Eidal. Pan dorrodd ei enw ar y cytundeb daeth yn ddyn cyfoethog yn syth bin. Cafodd £10,000 am arwyddo'n unig heb sôn am ei gyflog sylweddol a thaliadau ychwanegol. Ond roedd ei yrfa ryngwladol bellach yn nwylo ei gyflogwyr.

Bryd hynny roedd y rheol yn syml. Gallai chwaraewr gael ei ryddhau i chwarae i'w dîm cenedlaethol os oedd o wedi ei gofrestru â'i gymdeithas genedlaethol. Ond roedd Charles erbyn hyn yn Gymro oedd wedi ei gofrestru â Chymdeithas Bêl-droed yr Eidal, a doedd dim gorfodaeth ar Juve i'w ryddhau. Hefyd, roedd gemau rhyngwladol fel rheol yn cael eu chwarae ar Sadyrnau, tra bod gemau Serie A yn digwydd ar ddyddiau Sul. Golygai hyn fod Umberto Agnelli, Llywydd Juventus, yn gyndyn iawn o ryddhau Charles.

"Nes i golli nifer o gapiau tra'n yr Eidal," meddai. "Fedrwch chi ennill pencampwriaethau a chwpanau, ond does dim i'w gymharu â chwarae dros eich gwlad. Ro'n i'n caru chwarae i Gymru. Roedd o'n golygu dipyn i mi."

Yn y cyfnod hwn wrth gwrs roedd Cymru'n ceisio ennill lle yn rowndiau terfynol Cwpan y Byd yn Sweden, ond dim ond ambell gêm ragbrofol gafodd Charles ei chwarae. Eto i gyd, er gwaethaf ymyrraeth Agnelli, llwyddod Cymru i fynd drwodd i Sweden, ac roedd John Charles ar ei ffordd i Gwpan y Byd.

Pharodd y llawenydd ddim yn hir. Gan nad oedd yr Eidal wedi llwyddo i gyrraedd Sweden, penderfynodd y Gymdeithas Eidalaidd i gynnal gemau Cwpan yr Eidal yn ystod misoedd Mehefin a Gorffennaf 1958. Gallai Juve felly alw am wasanaeth *il Buono Gigante* gydol cyfnod Cwpan y Byd. Yn naturiol, aeth Charles yn syth at Agnelli i ofyn a gawsai fynd i Sweden, ond gwrthodwyd ei gais. Bu hi'n goblyn o helynt wedyn rhyngddo fo a'r clwb a'r Gymdeithas Eidalaidd, ac ni setlwyd y mater tan Fehefin y 4ydd – bum niwrnod cyn gêm

gyntaf Cymru yn erbyn Hwngari. Wedi hir ymaros a checru, fe gafodd John Charles ganiatâd i adael, ac erbyn bore'r 5ed o Fehefin roedd o wedi glanio ym maes awyr Stockholm ac ar ei ffordd i ymuno â gweddill carfan Cymru.

Hwn oedd y tro cynta a'r unig dro i Gymru gyrraedd rowndiau terfynol Cwpan y Byd, ac roedd presenoldeb y cawr addfwyn yn ddigon i ysbrydoli'r crysau cochion i gyrraedd rownd yr wyth olaf. Eu gwrthwynebwyr yn y gêm honno oedd neb llai na Brasil, ond er mawr siom i bawb ni allai John Charles chwarae ar ôl cael ei gicio'n ddidrugaredd yn y gêm flaenorol. Er clod i'r Cymry fe lwyddon nhw i gyd-fyw â'r sêr o Dde America am 73 o funudau, ac roedd angen gôl gan yr enwog Pelé i rwystro Cymru rhag cipio lle yn y rownd gyn-derfynol.

Cyn iddo adael am Stockholm, roedd Agnelli wedi ei rybuddio mai ei gemau yng Nghwpan y Byd fyddai ei rai olaf i Gymru am sbel. A phan ddychwelodd i Diwrin roedd Llywydd Juve yr un mor bendant. Rhwng medi 1958 a Hydref 1961, cafodd yr ymosodwr ei rwystro rhag chwarae mewn 20 o gemau rhyngwladol. Erbyn 1961 roedd Charles wedi cael llond bol. Y flwyddyn honno roedd ei gytundeb ar ben, a phan aeth o at Agnelli i ddweud wrtho ei fod yn dychwelyd adra, fe gafodd gynnig y swm anhygoel o £18,000 i arwyddo cytundeb newydd. Ond gwrthododd y cynnig, ac am yr eildro yn ei yrfa fe ymunodd â Leeds.

Roedd ei ymadawiad yn golled fawr i Juventus, ac roedd Agnelli yn amlwg iawn yn ymwybodol o'i werth i'r clwb. Felly hefyd y cefnogwyr, oedd yn hanner ei addoli, ac mae'r parch mawr tuag ato yn parhau yn ninas Tiwrin hyd heddiw. Mewn nifer o fariau a thai bwyta o gwmpas y ddinas gellir dal i weld llun o John Charles, a phan aiff criw *Sgorio* i ymweld â'r ddinas wrth odre'r Alpau, mae'r trigolion yn ddi-ffael yn cysylltu Cymru efo *il Buono Gigante*.

# Rush yn yr Eidal: Methiant neu Lwyddiant?

**Er yn un o sgorwyr goliau gorau'r gêm erioed, doedd pethau ddim yn fêl i gyd i Ian Rush yn yr Eidal**

Yng nghanol yr wythdegau, roedd Ian Rush yn sgorio'n gyson gyda Lerpwl, ac yn cael ei ystyried yn un o ymosodwyr gorau ei gyfnod. O ganlyniad, heidiodd cynrychiolwyr o glybiau mwyaf Ewrop tuag Anfield, i gadw llygad barcud ar ddatblygiad y Cymro. Doedd hi'n fawr o syndod felly pan arwyddodd i Juventus yn haf 1987, a hynny am swm o £3.2 miliwn.

Cyhoeddodd Rush ei fod yn gadael am yr Eidal yng nghanol tymor '86/'87, ac yn dilyn hynny gwelwyd y blaenwr yn chwarae pêl-droed gorau ei yrfa i'r cochion, yn rhwydo bron i hanner cant o goliau yn ystod y tymor.

Roedd y disgwyliadau'n uchel, yn arbennig o ystyried fod disgwyl i Rush lenwi 'sgidiau Michel Platini, a oedd wedi cyhoeddi ei fod yn ymddeol. Er nad Rush oedd y chwaraewr drytaf a arwyddodd i'r clwb yr haf hwnnw, arno fe oedd y pwysau mwyaf, a hynny gan ei fod yn dramorwr. O'r dechrau, bu i'r papurau newydd wneud bywyd yn galed i Rush a'i wraig, gan ystumio'r gwirionedd ar sawl achlysur, a theg dweud fod y wasg wedi cyfrannu'n helaeth at benderfyniad y blaenwr i adael y Delle Alpi ar ddiwedd ei dymor cyntaf hefo'r clwb. O gael ei labelu yn wastraff arian, i gael ei gymharu o ran pryd a gwedd i Adolf Hitler a Charlie Chaplin, roedd y papurau yn bendant o wneud bywyd newydd Rush yn un anodd. I'r gwrthwyneb, cefnogol iawn fu'r cefnogwyr tuag ato, o'i ddiwrnod cyntaf gyda'r glwb hyd yr un olaf. Yn wir,

pan gyrhaeddodd Rush Tiwrin am y tro cyntaf, roedd dros bum mil o gefnogwyr brwdfrydig yn aros i'w groesawu!

Un o brif gamgymeriadau'r Cymro oedd peidio â dysgu iaith y wlad cyn symud yno i fyw. Golygai hyn ei fod yn methu ymuno mewn sgyrsiau â chyd-chwaraewyr, nac ychwaith yn medru llwyr ddeall cyfarwyddiadau ar y cae. Fodd bynnag, yn raddol fe ddatblygodd ei Eidaleg, ond er hynny, methodd deimlo'r cynhesrwydd teuluol a brofodd yn Anfield, ac roedd hyn i'w weld yn ei berfformiadau ar y cae. Yn dilyn hanner cyntaf siomedig i'r tymor, yn sgorio dim ond pedair gwaith, roedd y blaenwr yn benderfynol o wneud ei farc yn ystod yr ail hanner. Yn wir, dechreuodd pethau fynd o'i blaid, ac erbyn diwedd y tymor roedd wedi cyrraedd cyfanswm o bedair gôl ar ddeg. Uchafbwynt ei gyfnod yn yr Eidal, oedd sgorio pedair gwaith yn y gêm ddarbi yn erbyn Torino, pan enillodd Juve 6-2.

Wynebodd Juve a Torino ei gilydd mewn tair gêm gynghrair y tymor hwnnw. Gêm ail gyfle oedd y drydedd gêm, a hynny i benderfynu pwy fyddai chweched cynrychiolydd yr Eidal yn Ewrop yn nhymor '88/'89, gan i'r ddau dîm orffen yn gyfartal ar bwyntiau. Wedi gêm ddi-sgôr, fe aeth hi i giciau o'r smotyn, a llwyddodd Rush i sgorio'r gôl fuddugol. Er mai hon oedd gêm olaf y tymor yn Serie A, roedd gan Rush un gêm ar ôl i'w chwarae yn yr Eidal, a hynny i Gymru. Roedd gan y blaenwr lawer iawn i'w brofi yn y gêm yma, iddo'i hun ac i holl gefnogwyr pêl-droed yr Eidal. A pha well ffordd i gwblhau tymor cymysglyd iddo, nag i sgorio unig gôl Cymru yn erbyn yr Eidal. Ychydig ddyddiau wedyn, bu Rush mewn cyfarfod ag Agnelli, perchennog y clwb, a hynny er mwyn trafod ei ddyfodol. Cafodd gyfle i fwrw ei fol ac i egluro pa mor siomedig fu'r tymor a fu iddo fo'n bersonol. Eglurodd fod y clwb angen chwaraewyr canol cae a allai basio iddo. Gofynnodd Agnelli iddo pa chwaraewr Prydeinig yr hoffai gael wrth ei ochr y tymor nesaf, ac atebodd Rush gan daflu enwau megis Mark Hughes, Peter Beardsley a John Barnes. Yn wir bu i'r clwb wneud ymholiadau am Hughes a Beardsley, ond yn ofer.

Pan ddychwelodd Rush i'r Eidal ar gyfer dechrau tymor '88/'89, roedd y clwb wedi arwyddo dau dramorwr newydd, a oedd y golygu, fod rhaid iddo yntau neu Michael Laudrup adael. Mewn dim o dro, daeth Lerpwl a chynnig £2.7 miliwn am y Cymro, cynnig na wrthododd Rush, a chynnig a olygai y cai gyfle i ailgynnau fflam ei gariad tuag at y cochion.

Nid yw'n deg edrych nôl ar gyfnod Ian Rush yn yr Eidal fel methiant. Yn ei flwyddyn hefo Juve, sgoriodd bedair ar ddeg o goliau, a oedd yn fwy na sêr megis Rudi Voller. Pan sumudodd Rush yn haf '87, dywedodd Michel Platini wrtho ei fod yn symud i'r clwb ar yr amser anghywir, gan ddisgrifio'r tîm fel un gwael. Gall dyn ond dychmygu'r llwyddiant y byddai Rush wedi ei gael petai wedi cael chwarae ochr yn ochr â sêr megis Del Piero a Zidane!

# Roberto Baggio

Batistuta, Weah, Del Piero, Gullit, Baresi... sut mae dewis un chwaraewr allan o restr mor ddisglair? Ond roedd hi'n dasg dipyn haws na'r disgwyl gan fod un seren wedi creu argraff mawr arna' i ers cychwyn *Sgorio* nid yn unig fel chwaraewr ond hefyd fel gŵr bonheddig – Roberto Baggio.

Ei glwb cynta oedd Vicenza cyn symud i Fiorentina yn '85, lle fuodd e'n gymaint o arwr i drigolion Fflorens ag oedd Batistuta degawd yn ddiweddarach. Ond y tro cynta i mi 'i gyfarfod oedd ar ôl iddo ymuno â Juventus yn 1990 am £7.7 miliwn – record byd ar y pryd.

Yn ystod sesiwn hyfforddi oedd hi. Ar ôl i Baggio dreulio awr a mwy yn dysgu Del Piero ifanc sut i gymryd y gic rydd berffaith, daeth draw am gyfweliad. Yr argraff gynta gefais i oedd ei fod yn berson tawel a diymhongar – argraff sydd wedi parhau hyd heddi. Roedd dod ar draws y rhinweddau yma mewn dyn oedd, ar y pryd, yn Chwaraewr y Flwyddyn yn Ewrop a'r Byd ac wedi ei ethol yr *Azzuro* mwya golygus yn *Italia 90* yn chwa o awyr iach mewn byd llawn *primadonne*.

A'i bum tymor efo Juve oedd, iddo fe ac i mi, ei gyfnod mwya cyffrous ar y cae – 78 gôl mewn 141 gêm Serie A, a chipio'r Scudetto, Copa Italia a Chwpan UEFA.

Isafbwynt ei yrfa oedd methu cic o'r smotyn yn gêm derfynol Cwpan y Byd '94 yn yr Unol Daleithiau, a thrwy hynny yn rhoi'r bencampwriaeth ar blât i Brasil. Yn y cyfnod yma trodd at Buddha – bu'n ysbrydoliaeth iddo waredu'r bwganod yn y tymhore oedd i ddod efo AC Milan, Bologna ac Inter. Heddiw yn Brescia mae'n profi bod y brwdfrydedd,

gweithgarwch a'r sgilie sgorio yn fyw ac yn iach.

Er bydd y *Divine Codino* yn 35 oed yn 2002 mae 'na siawns dda y bydd e'n rhan o garfan yr *Azzuri* yn rowndie terfynol Cwpan y Byd am y pedwerydd tro yn ei yrfa. 27 gôl mewn 55 gêm yw ei record anhygoel i'w wlad, ac ma'i bresenoldeb ar y cae yn dal i godi ysbryd y tîm a chreu cyffro

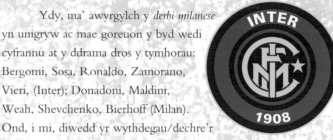

# Gêm Ddarbi Milan

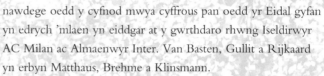

Mae gweld y San Siro am y tro cynta yn brofiad arbennig. Tin o sardines anferth yng nghanol maes parcio ar gyrion dinas Milan.

Mae ymweld â'r stadiwm ar ddiwrnod gêm ddarbi yn wefreiddiol. Y bloeddio byddarol, curiad y drymie, mwg y tân gwyllt yn meddiannu'r synhwyrau. Y coch a du a'r glas a du. Y *rossoner*i yn y *Curva Sud* i'r dde, y *nerazzuri* yn y *Curva Nord* i'r chwith.

Ac yn y canol, gohebwyr o bob cwr o'r Eidal a'r byd, gan gynnwys finne, wedi'n cywasgu i mewn i eisteddle'r wasg – syrcas o gamerâu, meics, ffônau symudol, gwifre, a phawb yn gweiddi ar draws ei gilydd a sŵn y dorf.

Ydy, ma' awyrgylch y *derbi milanese* yn unigryw ac mae goreuon y byd wedi cyfrannu at y ddrama dros y tymhorau: Bergomi, Sosa, Ronaldo, Zamorano, Vieri, (Inter); Donadoni, Maldini, Weah, Shevchenko, Bierhoff (Milan). Ond, i mi, diwedd yr wythdegau/dechre'r nawdege oedd y cyfnod mwya cyffrous pan oedd yr Eidal gyfan yn edrych 'mlaen yn eiddgar at y gwrthdaro rhwng Iseldirwyr AC Milan ac Almaenwyr Inter. Van Basten, Gullit a Rijkaard yn erbyn Matthaus, Brehme a Klinsmann.

Yn y *campionato* Inter sy' ar y blaen o drwch blewyn gyda 56 buddugoliaeth, tra bod Milan wedi ennill 50, a chafwyd 51 gêm gyfartal. Pob un yn *spettacolo* mae'n siŵr gen i.

# Gorgio Chinaglia

Wedi'i eni yn yr Eidal, symudodd Giorgio Chinaglia a'i deulu i Gaerdydd ar ddiwedd yr Ail Ryfel Byd, ac o oed ifanc iawn, roedd yn amlwg fod dawn gan yr Eidalwr.

Aeth i Ysgol Uwchradd 'Lady Mary', lle bu'n gapten ar dîm yr ysgol am flynyddoedd. Tra yno, chwaraeodd i dîm ysgolion y ddinas a thîm Ysgolion Cymru, a hynny ochr yn ochr â chawr arall y ddinas, John Toshack. Roedd y ddau yn awyddus i chwarae'n broffesiynol, a chlwb Ceardydd yn naturiol oedd dewis cyntaf y ddau. Ond tra gwireddodd Tosh ei freuddwyd, cafodd Chinaglia ei siomi. Ymunodd Chinaglia â thîm proffesiynol arall y sir, Abertawe. Tra ond yn un ar bymtheg oed cafodd ei gyfle cyntaf yng nghrys y 'Swans' pan ddaeth ar y cae fel eilydd a sgorio. Dyma ddechrau gwych tylwyth tegaidd i'r Eidalwr, ond bach iawn oedd y cyfleon wedyn a methodd â sicrhau ei le yn y tîm cyntaf.

Disgrifiodd Chinaglia ei gyfnod ar y Vetch fel un 'stormus', ac yn dilyn cyngor gan ei dad, penderfynodd barhau â'i yrfa yn ei famwlad, nôl yn yr Eidal. Wedi tri thymor llwyddiannus yn Serie C, a oedd yn cynnwys deunaw mis yn y fyddin, symudodd i chwarae yn Serie B gyda Lazio. Bu ei goliau yn allweddol i ddyrchafiad y clwb i Serie A yn '72. Yna, yn nhymor 1973-4, cyrhaeddodd y pinacl, wrth i'w bedair gôl ar hugain sicrhau y Bencampwriaeth am y tro cyntaf erioed i'r Biancocelesti. Enillodd Chinaglia ei gap cyntaf i'r Eidal yn erbyn Bwlgaria ym mis Mehefin '72, gan sgorio unig gôl ei wlad mewn gêm gyfartal yn Sofia. Chinaglia oedd gobaith mawr yr Eidal ar gyfer Cwpan y Byd 1974, ond fel gweddill ei yrfa, aeth o un pegwn i'r llall, a siomedig ar y cyfan fu ei gyfraniad i'r Azzuri.

O Lazio, aeth i America i chwarae gyda'r New York Cosmos, ochr yn ochr â sêr megis Beckenbauer, Neeskens, Gordon Banks a Pelé. Wedi treulio amser hapus yno, symudodd nôl adref i'r Eidal, a phrynu clwb Lazio a oedd yn mynd trwy gyfnod llwm yn Serie B ar y pryd. Bellach, mae Chinaglia yn sylwebydd, ac yn berchen ar sianel deledu leol ei hun.

Rhaid fydd i Gaerdydd ac Abertawe fyw a difaru ar ôl colli gafael ar un o flaenwyr a chymeriadau disgleiriaf yr Eidal yn ystod diwedd chwedegau a saithdegau'r ganrif ddiwethaf. Pe byddai pethau wedi bod yn wahanol, pwy a ŵyr, efallai mai lifrau coch Cymru yn hytrach na glas yr Eidal fyddai Chinaglia wedi bod yn ei wisgo yng Nghwpan y Byd!

Holiadur Morgan

**Faint o her oedd hi i geisio dilyn llwyddiant y cyn-gyflwynwyr, Arthur ac Amanda?**

Rhyw 'chydig ddyddiau wedi i mi gael y swydd y gwnaeth o'n nharo i mewn gwirionedd, be mewn difri calon oedd yn mynd i ddigwydd i mi – mi o'n i'n mynd i olynu Arthur Emyr ac Amanda Protheroe-Thomas fel cyflwynydd *Sgorio*, y rhaglen yr oeddwn i fel bron pob hogyn ysgol arall wedi ei dilyn o'r cychwyn nôl yn 1988. Ac er 'mod i wedi bod yn gweithio ar *Sgorio* ers tair blynedd, doedd hynny ddim yn gwneud yr her ddim mymryn llai, nac ychwaith y fraint o gael dilyn yn ôl traed Arthur ac Amanda. Mae *Sgorio* wedi bod yn hynod boblogaidd ar hyd y blynyddoedd, yn bennaf, wrth gwrs, oherwydd y pêl-droed campus oedd a sydd i'w weld arni, ond hefyd oherwydd cyfraniad amhrisiadwy fy nau ragflaenydd. Bu i'r ddau gynnal y safon uchel am chwe mlynedd a hanner yr un, a dwi 'mond yn gobeithio 'mod i wedi bod yn deilwng o'u dilyn yn ystod y cyfnod byr yr ydw i wedi bod wrthi hyd yma.

**A oes un gêm yn aros yn y cof am resymau arbennig?**

Mi o'n i'n meddwl y bysa hi'n anodd curo'r awyrgylch yn y Nou Camp pan ddychwelodd Figo yno efo Real Madrid yn Nhachwedd 2000. Yn sicr roedd y profiad o fod yno, ac o fod ar y cae ac yn y twnnel efo'r chwaraewyr yng nghanol y fath densiwn, yn fyth-gofiadwy. Ond bellach, y gêm sy'n aros fwya yn y cof ydi gêm ola tymor 2000-2001 yn Stadio Olimpico Rhufain pan enillodd Roma y Bencampwriaeth, a chael gweld Gabriel Batistuta yn sgorio'r gôl ola. Roedd yr emosiwn yno'n wefreiddiol.

**I beidio a bod yn ddi-duedd am funud, mae'n siŵr fod ganddoch eich hoff dim yn yr Eidal, Sbaen a'r Almaen?**

Yn yr Eidal – AC Milan, gan iddyn nhw roi cymaint o bleser i mi o'u gwylio ar *Sgorio* ar ddechrau'r nawdegau. Roedd y tîm anfarwol yma'n cynnwys Van Basten, Gullit a Rijkard.

Yn Sbaen – Barcelona. I'r ddinas hon y ces i fynd gynta fel cariwr tapiau i *Sgorio* pan o'n i'n fyfyriwr, rhyw chwe mlynedd yn ôl. 'Nes i ddisgyn mewn cariad efo'r lle yn syth bin. Ar y pryd roedd Ronaldo yn chwarae efo Barça, ac roedd cael gweld hwnnw wrth ei waith yn ddigon i 'mherswadio mai'r Catalanwyr fyddai'r ffefrynnau gen i yn y Primera.

Yn yr Almaen – Hertha Berlin. Yn syml iawn am mai nhw yr ydw wedi eu gweld yn chwarae amlaf yn y Bundesliga. Ym Merlin yr o'n i'n arfer codi tapiau ar gyfer y rhaglen.

**Yn eich barn chi, ym mha gynghrair yn Ewrop y mae'r pêl-droed mwyaf deiniadol i'w weld?**

Ar hyn o bryd – Sbaen. Mae llwyddiant diweddar y clybiau yn Ewrop yn ddigon i brofi hynny. Ac mae 'na gymaint o brynu mawr wedi bod gan brif glybiau'r Primera dros yr haf, mae'n anodd gweld hynny'n newid yn ystod y tymor sydd i ddod.

**Fe fydde nifer yn dadlau mai hon yw'r swydd ddelfrydol, yn cael eich talu i edrych a thrafod pêl-droed. Ydi'r swydd yn fêl i gyd?**

Reit 'ta. Dwi'n trio'n galed iawn rŵan i feddwl am rywbeth negyddol i'w ddweud am y gwaith. Mi ges i gyfnod o fod fymryn yn bryderus o hedfan wedi i mi gael dau brofiad digon annifyr. Unwaith fe ffrwydrodd injan awyren yr oeddwn i arni pan oedd hi yn dyrnu mynd ar hyd y tarmac ac ar fin codi. A rhyw chydig fisoedd yn ddiweddarach, pan o'n i ar daith efo

Amanda i Diwrin, fe 'nath 'na fellten daro'r awyren mewn storm dros yr Alpau. Ond bellach dwi wedi dod dros hynny a dwi ddigon cartrefol unwaith eto wrth deithio mewn darn o haearn yn yr awyr.

O ystyried popeth, mae'n rhaid cyfaddef ei bod yn joban ddigon delfrydol. Dwi'n cofio gwylio *Sgorio* ers talwm a phenderfynu bod yn rhaid i mi ddechrau cynilo arian fel y gallwn i fynd rhyw ddydd i'r San Siro neu'r Nou Camp i weld gêm – dim ond unwaith yn fy mywyd. Bellach dwi 'di bod yn y ddau le droeon, ac aml i stadiwm arall rhyfeddol, a hynny heb orfod gwagio dim ar y mochyn bach pinc! Ond y fraint fwyaf ydi cael cyflwyno pêl-droed gorau'r byd i bobl Cymru yn Gymraeg.

### Yn eich cyfnod byr chi fel cyflwynydd ar y rhaglen, pa chwaraewyr sydd wedi disgleirio fwyaf?

Luis Figo ydi hwnnw, gan iddo fo wneud cymaint o wahaniaeth i Real Madrid fel grym ymosodol ers iddo ymuno â nhw. Fel mae'n digwydd bod, nes i gyflwyno fy rhaglen gynta o'r Bernabeu pan roddodd Real goblyn o gweir i Sociedad a John Toshack. Y noson honno roedd Figo ar ei orau, yn hollti amddiffyn y Basgwyr efo'i gyflymder a'i gryfder, a gwastad yn canfod talcen neu flaen troed un o'i ymosodwyr efo'i groesiadau perffaith. Tipyn o foi!

### Ydach chi'n dipyn o bêldroediwr eich hun!?

Yr unig beth sydd gan Figo a fi'n gyffredin ydi'n hoedran! Ond wedi dweud hynny, mi fydda i hefyd yn chwarae pêl-droed yn rheolaidd. Bob nos Fercher mi fyddai'n chwrae 5 bob ochr efo tîm Ffilmiau'r Nant, a bob nos Iau mi fydda i'n chwarae 5 bob ochr efo hogia Trefor. Dwi hefyd yn digwydd bod yn Gadeirydd Clwb Pêl-droed Trefor sydd newydd gael

ei sefydlu ym mis Mehefin. Y bwriad ydi ymuno â'r gynghrair leol maes o law, ond ella y bydda i'n rhy hen i fod yn y tîm erbyn hynny!

**Does dim dwywaith fod Amanda wedi llwyddo i ddenu diddordeb y dynion. Ydech chi'n credu i chi cael yr un dylanwad ar y merched!?**

Dwi'n cael fy atgoffa gan ddynion o hyd nad ydw i mor ddeniadol ag Amanda, a dwi'r cynta i gytuno. Ond os ydi'r ffaith mai hogyn ydi'r cyflwynydd newydd o help i ddenu gwylwyr newydd – wel, gorau oll.

**Beth yw eich diddordebau y tu allan i bêl-droed?**

Fy niddordeb pennaf ydi chwarae ym Mand Pres Trefor. Dwi'n chwarae offerynnau pres ers o'n i'n ddim o beth, ac ers blynyddoedd lawer rŵan dwi'n chwarae'r iwffoniwm yn y band. Mae cael creu cerddoriaeth ymysg ffrindiau mor dda yn rhoi pleser mawr i mi.

Fel un o bentref Trefor, dwi'n naturiol yn hoff iawn o'r môr. Mae nofio a deifio yn rhan annatod o fy mywyd yn ystod misoedd yr haf, a does dim byd i guro mynd allan yn y cwch – Pererin – i 'sgota mecryll ar bnawn heulog.

Dwi hefyd yn licio bwyta – lot!

**Pa mor aml mewn tymor y cewch y cyfle i fynd dramor i gyflwyno?**

Erbyn diwedd tymor 2000-2001 mi o'n i wedi cyflwyno 16 o ragleni *Sgorio*, a saith o'r rhai hynny o dramor. Yn ôl fy mathemateg bratiog i, mae hynny'n gwneud cyfartaledd o bron i un o bob dwy raglen. Ond rhaid cofio bod hynny'n ystod hanner ola'r tymor pryd rydan ni'n tueddu i gyflwyno'r rhaglen o dramor yn amlach.

**Beth yw eich hoff fwyd tramor?**

Hwn ydi'r cwestiwn anodda hyd yma, achos mi 'na i fwyta bron bob dim dramor. I gyfyngu mymryn ar y rhestr, dyma ddetholiad: Mi fyswn i'n gallu claddu o leia 10 pizza ffresh o Rufain yn hawdd. Hefyd yn yr Eidal, mi fydd dŵr yn llifo o 'nannedd i pan fydda i'n cael 'Carpaccio' – tameidiau tenau o stecan amrwd efo caws parmesan a dail rucula. Am bwdin, rhaid croesi Môr y Canoldir i Barcelona, lle mae nhw'n gwneud y pwdin gorau dan haul – Crema Catalana. Hyfryd!!!

**Ydych chi'n cefnogi tîm yn Uwch Gynghrair Lloegr?**

Dwi'n debygol o fod yn hynod amhoblogaidd wrth ddweud hyn – Manchester United ydi fy nhîm i. A nhw dwi wedi eu dilyn erioed, drwy flynyddoedd llwm yr wythdegau pan oedd Lerpwl yn ennill bob dim. Felly dwi'n haeddu mwynhau mymryn o lwyddiant bellach.

**Gyda phwy y cafoch chi'ch cyfweliad mwyaf cofiadwy hyd yma?**

Mae Fabio Capello wedi bod yn arwr mawr i mi ers blynyddoedd, ers iddo arwain AC Milan i dair Scudetto yn olynol ar ddechrau'r nawdegau. Bellach mae o wedi arwain Roma i'w Pencampwriaeth cynta ers 1983, ac mi ges i'r fraint o'i gyfweld ar ddau achlysur ddiwedd y tymor diwethaf.

**Pwy yw eich merch ddelfrydol?**

Mae hwn yn gwestiwn hyd yn oed anoddach na'r un am y bwyd! Mae 'na ddwy dduwies yn haeddu eu crybwyll yma, sef Jenifer Lopez ac Angelina Jolie – dwy ferch pryd tywyll anghredadwy o olygus. Ga i ddewis y ddwy plis?!

# Pencampwyr y Bundesliga

| 1964 | Köln | 1965 | Werder Bremen |
|------|------|------|------|
| 1966 | Munich 1860 | 1967 | Eintracht Braunschweig |
| 1968 | Nurnberg | 1969 | Bayern Munich |
| 1970 | Borussia Monchengladbach | 1971 | Borussia Monchengladbach |
| 1972 | Bayern Munich | 1973 | Bayern Munich |
| 1974 | Bayern Munich | 1975 | Borussia Monchengladbach |
| 1976 | Borussia Monchengladbach | 1977 | Borussia Monchengladbach |
| 1978 | Köln | 1979 | Hamburg |
| 1980 | Bayern Munich | 1981 | Bayern Munich |
| 1982 | Hamburg | 1983 | Hamburg |
| 1984 | Stuttgart | 1985 | Bayern Munich |
| 1986 | Bayern Munich | 1987 | Bayern Munich |
| 1988 | Werder Bremen | 1989 | Bayern Munich |
| 1990 | Bayern Munich | 1991 | Kaiserslautern |
| 1992 | Stuttgart | 1993 | Werder Bremen |
| 1994 | Bayern Munich | 1995 | Borussia Dortmund |
| 1996 | Borussia Dortmund | 1997 | Bayern Munich |
| 1998 | Kaiserslautern | 1999 | Bayern Munich |
| 2000 | Bayern Munich | 2001 | Bayern Munich |

**Bayern Munich yw pencampwyr Ewrop.
Lwyddon nhw i ennill Cynghrair y
Pencampwyr ar ôl curo Valencia ar giciau
o'r smotyn ym mis Mai 2001.**

# Yr Almaen - Timau 2001/2002

| | Tîm | Dinas |
|---|---|---|
| 1 | Bayern Munich | Munich |
| 2 | Schalke | Gelsenkirchen |
| 3 | Borussia Dortmund | Dortmund |
| 4 | Bayer Leverkusen | Leverkusen |
| 5 | Hertha Berlin | Berlin |
| 6 | Freiburg | Freiburg |
| 7 | Werder Bremen | Bremen |
| 8 | Kaiserslautern | Kaiserslautern |
| 9 | Wolfsburg | Wolfsburg |
| 10 | Köln | Köln |
| 11 | Munich 1860 | Munich |
| 12 | Hansa Rostock | Rostock |
| 13 | Hamburg | Hamburg |
| 14 | Energie Cottbus | Cottbus |
| 15 | Stuttgart | Stuttgart |
| 16 | Nurnberg | Nurnberg |
| 17 | Borussia Monchengladbach | Monchengladbach |
| 18 | St Pauli | Hamburg |

## Tabl Prif Sgorwyr 2000-2001

| Nifer | Enw | Clwb |
|---|---|---|
| 22 | Sergej BARBAREZ | Hamburg |
| | Ebbe SAND | Schalke |
| 19 | Claudio PIZARRO | Werder Bremen |
| 16 | Michael PREETZ | Hertha Berlin |
| 15 | Giovanne ELBER | Bayern Munich |
| | Oliver NEUVILLE | Bayer Leverkusen |
| 14 | AILTON | Werder Bremen |
| 13 | Emile MPENZA | Schalke |
| 12 | Paul AGOSTINO | Munich 1860 |
| | Carsten JANCKER | Bayern Munich |
| | Andrzej JUSKOWIAK | Wolfsburg |

# Tabl Terfynol y Bundesliga 2000/2001

| | | cartref | | | | | | oddi cartref | | | | | | | |
|---|---|---|---|---|---|---|---|---|---|---|---|---|---|---|---|
| | | ch | e | cf | c | s | i | e | cf | c | s | i | gg | pw |
| 1 | Bayern Munich | 34 | 12 | 1 | 4 | 37 | 20 | 7 | 5 | 5 | 25 | 17 | +25 | 63 |
| 2 | Schalke | 34 | 12 | 4 | 1 | 36 | 13 | 6 | 4 | 7 | 29 | 22 | +30 | 62 |
| 3 | Borussia Dortmund | 34 | 9 | 4 | 4 | 34 | 20 | 7 | 6 | 4 | 28 | 22 | +20 | 58 |
| 4 | Bayer Leverkusen | 34 | 10 | 2 | 5 | 30 | 16 | 7 | 4 | 6 | 24 | 24 | +14 | 57 |
| 5 | Hertha Berlin | 34 | 11 | 2 | 4 | 38 | 22 | 7 | 0 | 10 | 20 | 30 | +6 | 56 |
| 6 | Freiburg | 34 | 9 | 5 | 3 | 36 | 15 | 6 | 5 | 6 | 18 | 22 | +17 | 55 |
| 7 | Werder Bremen | 34 | 10 | 4 | 3 | 33 | 18 | 5 | 4 | 8 | 20 | 30 | +5 | 53 |
| 8 | Kaiserslautern | 34 | 8 | 3 | 6 | 24 | 19 | 7 | 2 | 8 | 25 | 35 | -5 | 50 |
| 9 | Wolfsburg | 34 | 8 | 6 | 3 | 38 | 18 | 4 | 5 | 8 | 22 | 27 | +15 | 47 |
| 10 | Köln | 34 | 8 | 5 | 4 | 33 | 18 | 4 | 5 | 8 | 26 | 34 | +7 | 46 |
| 11 | Munich 1860 | 34 | 8 | 3 | 6 | 23 | 25 | 4 | 5 | 8 | 20 | 30 | -12 | 44 |
| 12 | Hansa Rostock | 34 | 8 | 5 | 4 | 22 | 20 | 4 | 2 | 11 | 12 | 27 | -13 | 43 |
| 13 | Hamburg | 34 | 8 | 6 | 3 | 33 | 21 | 2 | 5 | 10 | 25 | 37 | 0 | 41 |
| 14 | Energie Cottbus | 34 | 10 | 1 | 6 | 27 | 20 | 2 | 2 | 13 | 11 | 32 | -14 | 39 |
| 15 | Stuttgart | 34 | 9 | 5 | 3 | 31 | 20 | 0 | 6 | 11 | 11 | 29 | -7 | 38 |
| 16 | Unterhaching | 34 | 7 | 6 | 4 | 21 | 20 | 1 | 5 | 11 | 14 | 39 | -24 | 35 |
| 17 | Eintracht Frankfurt | 34 | 8 | 3 | 6 | 26 | 22 | 2 | 2 | 13 | 15 | 46 | -27 | 35 |
| 18 | Bochum | 34 | 5 | 4 | 8 | 20 | 28 | 2 | 2 | 13 | 10 | 39 | -37 | 27 |

• **Cynghrair y Pencampwyr** • **Rownd Ragbrofol Cynghrair y Pencampwyr** • Cwpan UEFA • Disgyn i'r ail adran
**Er colli i Schalke yn rownd derfynol Cwpan Yr Almaen, mi fydd FC Union Berlin o'r drydedd adran yn cynrychioli'r Almaen yng nghwpan UEFA yn nhymor 2001-2002.**

# Sêr Barbarez

| Enw: | **Sergej Barbarez** |
|------|---------------------|
| Clwb: | **Hamburg** |
| Dyddiad geni: | **Medi 17, 1971** |
| Gwlad: | **Bosnia Herzegovina** |
| Taldra: | **1.87m** |
| Pwysau: | **79kg** |
| Cyn-glybiau: | **Velez Mostar; Hannover; FC Union Berlin; Hansa Rostock; Borussia Dortmund.** |

Roedd tymor 2000/2001 yn dymor gwych i Sergei Barbarez, gorffennodd yn gydradd gynta ar frig rhestr y prif sgorwyr gyda dwy gôl ar hugain i Hamburg. Tipyn o gamp i chwaraewr canol cae, yn enwedig o ystyried mai 19 gôl roedd e wedi ei sgorio yn ei 95 gêm flaernorol yn y Bundesliga.

Dechreuodd Barbarez ei yrfa gyda Velez Mostar yn yr hen Iwgoslafia, dinas gafodd ei dinistro'n llwyr adeg y rhyfel. Mae e bellach yn rhan allweddol o garfan genedlaethol Bosnia-Herzegovinia sy'n brysur geisio sefydlu eu hunain ar y llwyfan rhyngwladol.

Symudodd Barbarez i Hamburg, (ei bumed clwb yn yr Almaen), o Borussia Dortmund yn Haf 2000 am £1.3m, ar ôl dau dymor tymhestlog yno. Yn chwaraewr ffrwydrol, roedd ganddo dueddiad i golli'i dymer, ac o ganlyniad fe welodd fwy na'i siâr o gardiau coch, gan ennyn dicter y cefnogwyr. Roedd yn hapus iawn i adael yn enwedig gan ei fod yn cael y cyfle i gyd-weithio eto gyda Frank Pagelsdorf, fu'n hyfforddwr arno hefyd ym Merlin.

Yn ôl Cyfarwyddwr Chwaraeon Hamburg, mae Barbarez bellach werth £42m. Mae'n derbyn bod hynny'n fwy na thalodd Real Madrid am Luis Figo, ond 'dyw Figo, meddai, ddim yn sgorio cymaint o goliau.

# Sand

| | |
|---|---|
| **Enw:** | **Ebbe Sand** |
| **Clwb:** | **Schalke** |
| **Dyddiad geni:** | **Gorffennaf 19, 1972** |
| **Gwlad:** | **Denmarc** |
| **Taldra:** | **1.83m** |
| **Pwysau:** | **78kg** |
| **Cyn-glybiau:** | **Hadsund BK, Brondby IF** |

Yn brif sgoriwr Schalke gyda 14 gôl yn 1999/2000 aeth Ebbe Sand gam yn well yn nhymor 2000/2001 gan rannu brig rhestr prif sgorwyr y Bundesliga gyda 22 gôl.

Roedd tymor 1997/98 yn dymor bythgofiadwy iddo. Enillodd y bencampwriaeth am y trydydd tro yn olynol, cyn cyflawni'r dwbl wrth i Brondby gipio cwpan y wlad hefyd. Gorffennodd Sand y tymor yn brif sgoriwr y cynghrair gyda 28 gôl a chafodd ei ethol yn chwaraewr y flwyddyn. Hefyd, ac yntau'n 26 oed, enillodd ei gap rhyngwladol cyntaf, gan goroni tymor cofiadwy drwy chwarae'n dda yng Nghwpan y Byd yn Ffrainc gan sgorio un o goliau gorau'r gystadleuaeth yn erbyn Nigeria.

Y tymor canlynol todd bynnag daeth tro ar fyd pan ganfuwyd bod cancr arno. Derbyniodd lawdriniaeth lwyddiannus, ac yn holliach eto, daeth hwb i'w yrfa pan symudodd i Schalke yn Haf 1999 am £3.5m.

Ar ddiwedd ei dymor cyntaf yn y Bundesliga cafodd ei ethol, gan ei gyd-chwaraewyr a chylchgrawn *Kicker*, fel chwaraewr y flwyddyn yn yr Almaen.

# sêr Effenberg

| | |
|---|---|
| **Enw:** | **Steffan Effenberg** |
| **Clwb:** | **Bayern Munich** |
| **Dyddiad geni:** | **Mehefin 2il, 1968** |
| **Gwlad:** | **Yr Almaen** |
| **Taldra:** | **1.86m** |
| **Pwysau:** | **85Kg** |
| **Cyn Glybiau:** | **Bayern Munich, Fiorentina, Borussia Monchengladbach** |

Heb os, Steffan Effenberg yw un o'r chwaraewyr mwyaf adnabyddus yn y Bundesliga. Ers symud o Borussia Monchengladbach yn ôl i Bayern Munich yn 1998, mae'r chwaraewr canol cae wedi dod yn enwog am ei bresenoldeb gwyllt ar y cae, ymysg pethau eraill. Er ei fod ymysg chwaraewyr canol cae gorau'r Almaen, nid yw'r gŵr pengoch wedi cynrychioli ei wlad yn ddiweddar gan iddo ymddeol yn '98. Ffactor a gyfrannodd at ei benderfyniad annisgwyl i roi'r gorau i bêl-droed rhyngwladol, oedd anhoffter cefnogwyr yr Almaen ohono. Yn ogystal, teimlodd ei bod yn ddyletswydd arno i roi ei holl sylw ar ddod â llwyddiant i'w glwb, Bayern Munich, yn arbennig o gofio mai hwn oedd ei ail gyfnod fel chwaraewr hefo'r clwb. Treuliodd ddwy flynedd hefo Bayern rhwng '90 a '92, a hynny cyn symud i'r Eidal i dreulio cyfnod byr gyda Fiorentina. Fodd bynnag, yn yr Almaen oedd ei galon, ac wedi dwy flynedd yn Fflorens, symudodd i Borrusia Monchengladbach lle gwnaeth ei farc fel un o chwaraewyr canol cae gorau ei gyfnod.

Yn dilyn ei ymadawiad o Monchengladbach i Munich, chymerodd hi ond blwyddyn i'r bencampwriaeth ddychwelyd i'r Olympiastadion. Ymgartrefodd yn fuan iawn, ac yn nhymor '99/'00, fe olynodd Lothar Matthaus fel capten y clwb, gan arwain Bayern i'r bencampwriaeth ddwywaith yn olynol.

Prif lwyddiant ei yrfa hyd yma yw ennill Cynghrair y Pencampwyr ar ddiwedd tymor '00/'01, trwy faeddu Valencia yn y rownd derfynol.

Gellir dadlau fod Steffan Effenberg ar hyn o bryd yn chwarae pêl-droed gorau ei yrfa. Yn y blynyddoedd diwethaf, mae ei gyfraniad wedi arwain at fôr o lwyddiannau i'w glwb, cyfraniad y mae'n rhaid i'r tîm cenedlaethol wneud hebddo.

# FC Bayern Munich

| | |
|---|---|
| Enw Swyddogol: | **FC Bayern Munich** |
| Ffon: | **49 8 9699310** |
| Ffacs: | **49 8 9644165** |
| Safle'r We: | **www.fcbayern.de** |
| Stadiwm: | **Olympiastadion, FC Bayern Munich, Saebener Strasse 51,** |
| | **D-81547 Munich, Yr Almaen** |
| Cae Ymarfer: | **Saebener Strasse, D-81547 Munich** |
| Lliwiau Adref: | **Crysau coch gyda streipiau glas, trowsusau bach coch gyda streipiau glas.** |
| Lliwiau Eraill: | **Gwyn i gyd. Coch i gyd gyda sanau cylchoedd coch a gwyn.** |
| | **Du gyda rhimyn coch** |
| Noddwyr y Crysau: | **Opel** |

Does dim dwywaith fod FC Bayern Munich yn un o glybiau mwyaf llwyddiannus Ewrop. Yn y saithdegau, gwelwyd y clwb yn gwneud ei farc ar bêl-droed y cyfandir, yn llwyddo i gipio'r cynghrair deirgwaith yn olynol rhwng '72 a '74, ond yn fwy na hynny, yn sicrhau Cwpan Ewrop hefyd deirgwaith yn olynol, yn '74, '75 a '76. Roedd y tîm yma'n cynnwys nifer helaeth o sêr Gorllewin yr Almaen, a gipiodd Gwpan y Byd '74. Fodd bynnag, yn 1977, flwyddyn wedi cipio Pencampwriaeth Clybiau'r Byd, a chyrraedd y pinacl, fe ymddiswyddodd y rheolwr, Franz Beckenbauer, a gyda hynny, daeth diwedd cyfnod.

Gellir dadlau mai yr wythdegau oedd oes aur Bayern yn y cynghrair, gan ddod yn Deutscher Meister chwech o weithiau.

Hefyd fe gipion nhw Gwpan yr Almaen dair gwaith ac Uwch Gwpan yr Almaen ddwywaith. Er iddynt gyrraedd Ffeinal Cwpan Ewrop yn '82 ac '87, aflwyddiannus fu eu hymdrechion i ddod yn bencampwyr Ewrop unwaith yn rhagor. Yng nghanol yr wythdegau, collodd Bayern rai o'u prif chwaraewyr, megis Rummenige a Matthaus. Un o'r prif resymau am hyn oedd polisi'r clwb o beidio talu cyflogau anferthol i'r chwaraewyr. Roedd hyn yn ei gwneud yn dasg hawdd i glybiau o'r Eidal a Sbaen fanteisio ar y cyfle.

Yn dilyn tymor trychinebus ar ddechrau'r nawdegau, penodwyd yr hen ffefryn, Franz Beckenbauer yn reolwr unwaith eto, ac fel y gwnaeth ugain mlynedd yn gynharach, daeth a llwyddiannau gydag ef, gan gipio'r Cynghrair a

Chwpan Ewrop. Fodd bynnag, roedd y dyddiau da wedi hen basio, ac yn wahanol i'r gorffennol nid oedd llwyddiannau'n dod i'r Olympiastadion yn ddigon cyson. O ganlyniad, yn '98 penodwyd Ottmar Hitzfeld yn rheolwr newydd y clwb, ac yn wir, bu bron iddo, yn ei dymor cyntaf, gipio Cwpan Ewrop. Yn ei ail dymor wrth y llyw enillodd y Bencampwriaeth, ac felly hefyd yn ei drydydd a'i bedwerydd tymor. Does dim dwywaith mai ei bedwerydd tymor, sef tymor 2000/01, oedd tymor mwyaf llwyddiannus y clwb ers 1976, yn curo Valencia yn rownd derfynol Cwpan Ewrop ar giciau o'r smotyn.

Pan sefydlwyd FC Bayern Munich nôl yn 1900 gan ŵr o'r enw Franz John, ychydig a feddyliai y byddai ei glwb gan mlynedd yn ddiweddarach yn Bencampwyr Ewrop, ac yn fwy na hynny, yn un o'r clybiau mwyaf llwyddiannus yn hanes y gêm.

**Pencampwyr Bundesliga:**
'32, '69, '72, '73, '74, '80, '81, '85, '86, '87, '89, '90, '94, '97, '99, '00, '01.

**Ennillwyr Cwpan Yr Almaen:**
'57, '66, '67, '69, '71, '82, '84, '86, '98.

**CECE**
'67

**Cwpan UEFA**
'97, '98

**Cwpan Ewrop:**
'74, '75, '76, '01.

Matthaus:
un o gewri Munich
a'r Almaen

74

## Franz Beckenbauer

Yn ôl nifer, Beckenbauer yw'r chwaraewr gorau a welodd yr Almaen erioed. Enillodd bopeth posib fel chwaraewr, dros ei wlad a thros ei glwb. Hyd yn oed wedi i'w ddyddiau fel chwaraewr ddod i ben, parhau wnaeth y llwyddiant. Yn 1990, enillodd Gwpan Byd eto gyda'r Almaen, y tro yma fel rheolwr, trwy guro'r Ariannin yn y rownd derfynol. Bedair mlynedd yn ddiweddarach, dychwelodd i'r Olympiastadion, i'r man lle gwnaeth ei enw fel chwaraewr. Ni chymerodd lawer iddo wneud ei farc, gan iddo gipio'r Bundesliga yn ei dymor cyntaf, ac erbyn 1996, roedd wedi arwain y clwb i lwyddiant yn rownd derfynol Cwpan UEFA yn ogystal.

Heb os, mae Franz Beckenbauer yn un o'r chwaraewyr a'r rheolwyr gorau a welodd y gêm, ac mae ei ddylanwad wedi bod yn enfawr.

## Gerd Muller

Fel Beckenbauer, roedd Muller yn rhan o dîm anfarwol y chwedegau a'r saithdegau. Enillodd yntau hefyd bopeth posib yn y gêm gyda Bayern a'i wlad. Muller oedd un o'r blaenwyr gorau a welodd yr Almaen erioed. Roedd ganddo'r gallu i sgorio o unrhyw ran o'r cae gydag unrhyw ran o'i gorff. Yn 1979, symudodd 'Muller Bach Tew' i orffen ei yrfa yn America, lle parhaodd i sgorio'n gyson. Bellach, mae'r cyn-seren yn gweithio fel is-hyfforddwr y tîm amatur a ieuenctid yn yr Olympiastadion.

## Karl-Heinz Rummenigge

Wedi ymuno â Bayern yn hogyn ifanc, ni chymerodd yn hir i Rummenigge ennill ei le yn y tîm cyntaf. Datblygodd i fod yn un o'r blaenwyr gorau a welodd y clwb, yn rhwydo 162 o goliau yn ei gyfnod yn yr Olympiastadion, cyn symud i Internazionale yn 1984 am swm enfawr bryd hynny o £4 miliwn. Wedi cyfnod llwyddiannus yn yr Eidal, penderfynodd yr Almaenwr orffen ei yrfa yn y Swistir, gyda Servette Geneva. Cynrychiolodd y blaenwr ei wlad yng Nghwpan y Byd dair gwaith, gan ei ennill yn '74.

Yn 1991, penodwyd Rummenigge yn is-lywydd Bayern Munich, ac yn ôl nifer, mater o amser yw hi nes y bydd yn ymgeisydd am swydd Llywydd Ffederasiwn Pêl-droed yr Almaen.

## Lothar Matthaus

Yn 1990, arweiniodd Lothar Matthaus ei wlad i lwyddiant yng Nhwpan y Byd. Heb os, hwn oedd pinacl ei yrfa, ac yn yr un flwyddyn derbyniodd wobr Pêldroediwr y Flwyddyn yn Ewrop a'r Byd.

Er i'r llwyddiannau yma olygu fod nifer yn ei ystyried fel chwaraewr canol cae gorau ei gyfnod, roedd o hefyd yn gwneud enw iddo'i hun yn y papurau am y rhesymau anghywir – yn dadlau'n gyson â chyd-chwaraewyr a rheolwyr.

Dechreuodd ei yrfa gyda Monchengladbach, cyn symud i Bayern ac yna Internazionale. Dychwelodd i'r Olympiastadion yn 1992, cyn penderfynu gorffen ei yrfa fel nifer o'i flaen, yn America.

# "Mae Bayern Munich wedi'i dwyn hi!"

Diwedd tymor 2001 oedd diwedd mwyaf cyffrous y Bundesliga erioed. Morgan sy'n adrodd yr hanes.

yna'r union eiriau floeddiwyd gan Emyr Davies yn eiliadau olaf tymor yr Almaen 2000-2001 – y tymor mwyaf cyffrous a welwyd erioed mae'n debyg yn hanes y Bundesliga.

Digwyddodd y 'lladrad' hwnnw ganol mis Mai, ond o fwrw golwg ar dabl y cynghrair gwta bum wythnos ynghynt, roedd hi'n gwbl amhosib rhagweld pwy fyddai'n cael eu coroni'n bencampwyr. Yn rhyfeddol, roedd cyfle i unrhyw un o'r deg uchaf fynd â hi, a dim ond triphwynt oedd yn gwahanu'r chwe thîm ar y brig. Cydol y tymor, roedd Schalke, Bayern Munich, Bayer Leverkusen, Borussia Dortmund, Hertha Berlin a Kaiserslautern, i gyd yn eu tro wedi arwain y ras am gyfnod, ac roedd rhywun yn rhagweld mai unrhyw un o'r chwech yma, rywsut, rywfodd, fyddai'n cipio'r teitl 'Deutscher Meister'. Yr hyn nad oedd neb wedi ei ragweld oedd sut a pha fodd fyddai'r cipio hwnnw'n digwydd.

Ar y Sadwrn hwnnw ym mis Ebrill, Schalke oedd ar gopa'r Bundesliga gyda dau bwynt o fantais ar Bayern Munich, oedd yn ail. Erbyn Sadwrn ola'r tymor roedd y sefyllfa wedi newid. Roedd y fantais gan Bayern a dim ond y nhw a Schalke oedd ar ôl yn y ras. Bu'r gweddill gloffi yn yr wythnosau olaf, a'u gobeithion ar ben am dymor arall, ond roedd Schalke 04 yn barod i agor pennod ddisglair arall yn hanes y clwb. Sefydlwyd Schalke yn ninas ddiwydiannol Gelsenkirchen yn nyffryn afon y Ruhr yn 1904, a daeth eu hoes aur yn ystod yr Ail Ryfel Byd. Enillon nhw chwe phencampwriaeth rhwng 1934 ac 1942, ac ychwanegwyd un arall yn 1958. Yn 2001, ar ddechrau mileniwm newydd, roedd trigolion Gelsenkirchen yn ymbaratoi i weld cyfnod euraid newydd yn gwawrio.

Ond yn y mileniwm a fu, does dim dwywaith pwy fu brenhinoedd pêl-droed yr Almaen – Bayern Munich. Nhw reolodd y saithdegau, yr wythdegau a'r nawdegau pryd y'u coronwyd ar 16 achlysur. Yn 2001 roedd y Bafariaid yn bwriadu ei gwneud yn rif 17 trwy gipio'r darian am y drydedd flwyddyn yn olynol. Y nhw, yn sicr oedd y ffefrynnau. Roedd hanes o'u plaid, roedd profiad o'u plaid, ond yn fwy na dim, roedd pwyntiau o'u plaid. Gan Schalke oedd y gwahaniaeth goliau gorau, ond roedd Bayern driphwynt uwch eu pennau. Yn syml iawn, byddai pwynt i Munich yn ei selio hi, tra, doed a ddelo, roedd yn rhaid i Schalke ennill.

Dyna oedd y sefyllfa am dri o'r gloch y prynhawn ar y 19eg o Fai 2001. Roedd Bayern yn cychwyn eu gêm nhw oddi-cartre yn erbyn Hamburg yn y Volksparkstadion, tra bod Schalke gartre yn y Parkstadion, yng nghanol môr o las y 60,000 o gefnogwyr taer. Eu gwrthwynebwyr nhw oedd Unterhaching – tîm arall o ddinas Munich!

Erbyn pedwar munud wedi tri roedd hi'n edrych yn fwy du na glas ar ffyddloniaid y Parkstadion wrth i Andre Breitenreiter gleisio'u gobeithion a rhoi Unterhaching ar y blaen. Cyn pen hanner awr roedd hi'n dywyllach fyth arnyn nhw gan i Miroslav Spizak ei gwneud yn ddwy i ddim! Ac i wneud pethau'n waeth i Schalke, roedd Bayern yn dal eu tir yn Hamburg, roedd hi dal yn ddi-sgôr yno.

Funud cyn yr egwyl daeth llygedyn o obaith, wel dau lygedyn a dweud y gwir – gôl gan Nico van Kerckhoven yn cael ei dilyn o fewn eiliadau gan sodliad slei Gerald Asamoah i wneud y sgôr ar yr egwyl yn Gelsenkirchen yn ddwy yr un. Er bod y sgorfwrdd yn dal yn wag yn Hamburg, roedd yr ysbryd yng nghwt newid Schalke dipyn mwy calonnog, a'r orennau'n blasu dipyn melysach.

Ddigwyddodd 'na fawr o ddim yn ystod pum munud ar hugain cynta'r ail hanner ar y naill gae na'r llall, ond roedd ugain munud ola'r tymor yn fyth-gofiadwy. Wedi 70 munud o chwarae rhoddwyd clec arall i obeithion Schalke pan roddodd

Galar cefnogwyr Shalke

Jan Seifert glec i'r bêl a'i dalcen a'i hanfon i gefn y rhwyd. Dri munud yn ddiweddarach roedd hi'n gyfartal eto diolch i gic rydd Jorg Bohme. Roedd Bohme'n ymwybodol wrth gwrs nad oedd gêm gyfartal yn ddigon i'w dîm, ac o fewn munud roedd o wedi gwibio drwy amddiffyn Unterhaching i roi Schalke ar y blaen am y tro cynta'n y gêm, a hynny i gyfeiliant bonllefau y cefnogwyr mewn glas. Pedair i dair felly, saith o goliau ar y diwrnod ola, ac roedd wythfed i ddod! Er mawr ryddhad i'r gleision, Ebbe Sand a'i cafodd wedi 89 o funudau i selio'r triphwynt a'r fuddugoliaeth. Ond, roedd hi dal yn ddi-sgor yn Hamburg. Fyddai'r fuddugoliaeth yn cyfri dim, a Bayern fyddai'n bencampwyr.

Roedd yr amser yn prysur ddirwyn i ben yn Hamburg a Gelsenkirchen, roedd y cloc eisoes wedi taro 90 o funudau, ac roedd anobaith yn taro Schalke. Ond yna, daeth newyddion o Hamburg. Roedd Sergej Barbarez wedi rhoi'r tîm cartref ar y blaen, roedd y bencampwriaeth ar ei ffordd i Gelsenkirchen am y tro cyntaf ers 1958! Roedd 'na gymaint o ddathlu yn y Parkstadion fel mai prin y gellid clywed y chwiban olaf yno. Roedd y gêm ar ben i Schalke, roedden nhw wedi ennill o

bum gôl i dair, roedd y parti eisoes wedi dechrau, ond doedd y chwiban olaf ddim wedi ei chwythu eto yn Hamburg. Wedi 94 o funudau fe chwythodd Markus Kerk, y dyfarnwr, ei chwiban, ond nid i roi terfyn ar y gêm, ond i ddynodi cic rydd i Bayern yng nghwrt cosbi Hamburg. Yn ôl y dyfarnwr, roedd Ujfalusi, amddiffynwr Hamburg, wedi pasio'r bêl yn ôl at Matthias Schober, y golwr, ac am ei fod yntau wedi gafael ynddi fe gafodd mawrion Munich un cyfle amhrisiadwy.

Rhoddwyd y cyfrifoldeb o gymryd y gic dyngedfennol hon ar ysgwyddau a throed dde Patrick Andersson, ie Patrick Andersson nad oedd wedi sgorio o gwbl gydol y tymor! Rŵan roedd o i gymryd yr un gic a fyddai'n penderfynu tynged y Bundesliga. Yn Hamburg ac yn Gelsenirchen roedd y tyrfaoedd yn gweddïo, y naill garfan iddo lwyddo, a'r llall iddo fethu. Roedd y tensiwn yn aruthrol, a miloedd o Almaenwyr yn cnoi eu hewinedd i'r byw. Yna daeth yr eiliad hanesyddol – Effenberg yn cyfeirio'r bêl ato ac yntau'n ei tharo'n lân ac isel. Rywsut fe aeth hi, fel camel drwy grai nodwydd, drwy'r wal, heibio i'r golwr ac i gefn y rhwyd. Yn y modd mwya dramatig felly, efo cic ola'r gêm, cic ola'r tymor, fe enillodd Bayern eu hail bencampwriaeth ar bymtheg, gan beri dathlu gorfoleddus ym Mafaria, a galar, anghrediniaeth a dagrau yn Gelsenkirchen. Oedd, roedd "Bayern Munich wedi'i dwyn hi!"

Steffan Effenberg yn dal y tlws

# Bundesliga - Tymor 2001/2002

## Bayern

Fel yn y tymhorau blaenorol y gamp yn yr Almaen fydd ceisio rhwystro Pencampwyr Ewrop, Bayern Munich, rhag cadw eu gafael ar y Bundesliga, y bencampwriaeth mae 'FC Hollywood' wedi ei hennill ym mhump o'r chwe thymor blaenorol. Ond gyda'r Deutscher Meister yn dechrau'r tymor yn gymharol simsan gan ennill dim ond un o'u tair gêm gyntaf, mi welodd ambell i glwb arall eu cyfle i achub y blaen yn y ras y tymor yma.

## Kaiserslautern

Y clwb gafodd y dechrau gorau y tymor yma oedd Kaiserslautern, gan ennill eu saith gêm gyntaf heb fawr o drafferth. Roedd y rhediad gwych yma yn gyfartal â record y Bundesliga ac yn efelychu camp Bayern Munich o ennill eu saith gêm gyntaf nhw yn nhymor 1995/96. Ond er gwaetha dechrau perffaith y Bafariaid y tymor hwnnw, Borussia Dortmund gipiodd y Bundesliga. Roedd wythfed gêm Kaiserslautern y tymor yma, yn Wolfsburg. Taith i wynebu'r tîm oedd heb ennill gêm ac ar waelod y tabl. Roedd yn ymddangos y byddai sefydlu record newydd yn anochel. Ond nid felly y bu. Mi lwyddodd hyfforddwr Wolfsburg, sydd â'r enw hynod addas Wolfgang Wolf (chwaraeodd dros 300 o gemau i Kaiserslautern) godi perfformiad ei dîm, gan ennill yn rhyfeddol o ddwy gôl i ddim, gyda chyn-chwaraewr arall Kaiserslautern, Frank Greiner, yn rhoi'r halen ar y briw drwy sgorio'r ail gôl dyngedfennol i Wolfsburg. Methiant felly fu cais Kaiserslautern i

sefydlu record newydd, ond mae disgwyl i dîm Andreas Brehme, gyda doniau canol cae yr hen ben Mario Basler, y ddau Frasiliad Ratinho a Lincoln, a doniau ymosodol Lokvenc o'r Weriniaeth Tsiec, herio o ddifrif am y Bundesliga yn eu cais i efelychu'r hyn gyflawnodd Kaiserslautern dan hyfforddiant Otto Rehaggel yn 1998.

## Schalke

Mae'n siŵr fod pawb ar wahân i gefnogwyr mwyaf selog Bayern Munich yn medru uniaethu a chydymdeimlo â ffawd Schalke ar ddiwedd y tymor diwetha, pan gollon nhw'r Bencampwriaeth yn llythrennol gyda chic ola'r tymor (gweler yr erthygl ar dudalennau 76-78). Roedd ennill Cwpan yr Almaen yr wythnos ganlynol yn rhywfaint o gysur, ac yn gofnod pendant fod Schalke bellach ymysg clybiau gorau'r wlad. Yn hanesyddol, oes aur y clwb oedd y tridegau a'r pedwardegau cynnar, pan enillon nhw hen bencampwriaeth cenedlaethol yr Almaen chwech o weithiau rhwng 1934 a 1942, gan ychwanegu at y nifer hwnnw yn 1958. Ond methiant hyd yma bu eu hymgais i ennill y Bundesliga ers ei sefydlu yn nhymor 1963/64. Wedi dod mor agos y tymor diwethaf, efallai y bydd hynny'n newid y tymor hwn. Mae'r tîm yn sefydlog o dan arweiniad yr Iseldirwr Huub Stevens, a gyda'r ymosodwr addawol o Nigeria Victor Agali ynghyd â'r ddau chwaraewr canol cae o Wlad Belg, Sven Vermant a Marc Wilmots, yn ymuno dros yr Haf mae'r garfan yn gryfach fyth y tymor hwn.

## Borussia Dortmund

Clwb arall sy'n siŵr o wneud argraff y tymor yma yw Borussia
Dortmund. Ychydig o dymhorau yn ôl Borussia Dortmund
oedd prif glwb yr Almaen, gan ennill y Bundesliga yn 1995 ac
1996, ac yna ennill Cynghrair y Pencampwyr y tymor canlynol
drwy guro Juventus yn y rownd derfynol o dair gôl i un. Ar ôl
y llwyddiannau, roedd 1999/2000 yn dymor trychinebus. Wedi
dechrau'r tymor hwnnw'n dda ac yna herio am y brif safle ym
mis Hydref, mi fethodd y tîm ag ennill yr un o'u tair gêm ar
hugain nesaf yn y Bundesliga, ac oni bai i'r rhediad ddod i ben
ar benwythnos ola'r tymor mi fydden nhw wedi syrthio i'r ail
adran. Erbyn dechrau'r tymor diwethaf, apwyntiwyd Matthias
Sammer yn hyfforddwr, a chasglwyd carfan o chwaraewyr da
at ei gilydd. Mi orffennon nhw yn y trydydd safle gan sicrhau
lle yng Nghynghrair y Pencampwyr unwaith eto. Bellach, mae
gan Borussia Dortmund 31 o chwaraewyr llawn amser yn y
garfan, sy'n golygu bod yn rhaid i o leiaf 45,000 o gefnogwyr
dyrru i'r Westfalenstadion i wylio pob gêm gartref er mwyn
talu cyflogau'r chwaraewyr. Ymhlith y sêr, mae'r chwaraewr
canol cae Tomas Rosicky o'r Weriniaeth Tsiec, ddathlodd ei
ben blwydd yn un ar hugain oed ar ddechrau Mis Hydref, ac
sydd eisoes yn cael ei grybwyll fel un o chwaraewyr mwyaf
addawol y byd. Mae Jan Koller, prif ymosodwr y Weriniaeth
Tsiec, wedi ymuno dros yr Haf. Yn 6'8" yn ei sanau Koller yw
chwaraewr pêl-droed talaf Ewrop gyfan. Ond y newydd-
ddyfodiad mwyaf o ran pris yw'r Brasiliad Marcio Amoroso,
symudodd o Parma i Dortmund am £17m. Does ond
gobeithio y sgorith e' ddigon o goliau i gyfiawnhau'r gost, a
bod digon yn dod i'w wylio i dalu ei gyflog!

## Bayer Leverkusen

Mi fyddai'n beryglus diystyru Bayer Leverkusen wrth geisio
dyfalu pwy fydd Pencampwyr 2002. Yn y pum tymor diwetha'
mae Leverkusen wedi gorffen yn ail; trydydd; ail; ail; a
phedweryydd. Yn wir, yr agosaf erioed iddyn nhw ddod at
gipio'r Bundesliga oedd dau dymor yn ôl. Ar Sul ola'r tymor
roedden nhw driphwynt ar y blaen, gyda gêm gymharol
rwydd yn erbyn Unterhaching, tîm o ranbarth Munich. Ond fe
gollon nhw o ddwy gôl i ddim. Yn y cyfamser enillodd Bayern
Munich gartref yn erbyn Werder Bremen. Er bod y ddau yn
gyfartal ar bwyntiau, Bayern Munich enillodd y teitl ar
wahaniaeth goliau. Mae enw Bayer yn enwog drwy'r byd fel
gwneuthurwyr fferyllol. Yn wir, sefydlwyd clwb Bayer
Leverkusen fel tîm o weithwyr ffatri dan yr enw Freidrich
Bayer & Co., Leverkusen. O ddeall y cefndir yma mae'n
eironig fod yr hyfforddwr ddaeth â chymaint o lwyddiant i'r
clwb dros y tymhorau diwethaf, Christoph Daum, wedi gadael
y clwb yn dilyn cyhuddiadau yn ei erbyn yn ymwneud â
chyffuriau!!

Y chwaraewyr i'w gwylio yw Michael Ballack, Zoltan
Sebescen a'r Brasiliaid Ze Roberto a Lucio yng nghanol cae,
a'r Almaenwyr Ulf Kirsten, Oliver Neuville a Paulo Rink o
flaen gôl.

# Y Carwyr

Morgan: un o garwyr
Sgorio yn y 90au

Un o'r cwestiynnau a ofynnir amlaf i dîm Sgorio ydi, "Sut goblyn ydach chi'n cael lluniau'r gemau draw i Gymru?" Ac yn yr oes fodern dechnolegol sydd ohoni, mi fysa rhywun yn tybio mai drwy loeren fyddai'r ateb. Ond na. Ers y cychwyn cynta mae *Sgorio* wedi bod yn anfon tîm o garwyr yn wythnosol i'r cyfandir, nid i garu, ond i gario tapiau o'r gemau yn ôl i'r stiwdio yng Nghaernarfon. Dyma'r criw nad oes fawr neb yn gwybod amdanyn nhw, ond heb eu hymroddiad a'u gofal ni fyddai *Sgorio* ar y teledu bob nos Lun – maen nhw'n ddolen holl bwysig yn y gadwyn.

Dros y blynyddoedd mae'r canolfannau codi tapiau wedi symud o fewn y gwahanol wledydd, ond bellach y tair dinas fydd y carwyr yn ymweld â nhw ydi Rhufain i gael tapiau Serie A, Madrid ar gyfer y Primera a Munich ar gyfer y Bundesliga.

Mae'n debyg fod cael teithio i'r cyfandir bron bob penwythnos yn swnio fel y swydd ddelfrydol i lawer, ond tydi hi ddim yn sêl i gyd o bell ffordd. Mae'r teithio ei hun yn flinedig. Beth am daith Madrid fel enghraifft? Gyrru fore Sul i faes awyr Manceinion, hedfan o Fanceinion i Heathrow, newid yn Heathrow ac ymlaen i Madrid. Ar ôl glanio ym maes awyr Barajas Madrid, rhaid cael y Metro i ganol y ddinas ac yna cerdded i'r gwesty. Erbyn cyrraedd y gwesty mi fydd hi yn amser swper. Ar ôl bwyta, rhoi galwad i'r stiwdio i holi pryd fydd y tâp yn barod, ond fydd hwnnw ddim ar gael tan tua dau o'r gloch y bore. Taith hanner awr mewn tacsi wedyn i'r stiwdio ar gyrion y ddinas, cael y tâp, ac am y tacsi unwaith yn rhagor ac i'r gwely. Ond does 'na fawr o gwsg i'w gael. Rhaid hedfan yn ôl yn fore iawn ar ddydd Llun, a rhaid bod yn y maes awyr am chwech y bore. Ac yna'r daith hir yn ôl, drwy Heathrow, yr holl ffordd i Gaernarfon erbyn dau o'r gloch brynhawn dydd Llun. Yr hyn sy'n rhyfeddol yw nad ydi'r un cariwr ar yr un o'r teithiau, er gwaetha pawb a phopeth, wedi methu â dod â'r tapiau yn ôl mewn pryd i Gaernarfon!

Yn ogystal â'r blinder a'r cyfrifoldeb mawr, mae yna hwyl i'w gael a phrofiadau gwerth chweil. A dyna mae'n debyg sydd wedi sbarduno Richard Pritchard o Gaernarfon i wneud y gwaith bron bob wythnos ers dechrau *Sgorio*. Richard ydi'r un mwyaf profiadol o'r holl garwyr. Does dim posib cofio sawl gwaith yn union y mae wedi teithio ar ran y rhaglen, ond mae'n debyg ei fod yn agosáu bellach at 400 o ymweliadau â'r cyfandir. Ac fel pob teithiwr profiadol, mae gan Richard ei hoff straeon. Dyma i chi rai ohonynt.

Hyd at yn ddiweddar, arferid codi tapiau'r Primera yn Barcelona, ac ar un o'i deithiau cyntaf i'r ddinas honno, bu i Rich gyfarfod â chesyn o Wyddel o'r enw Jimmy O'Boyle. Wedi mymryn o sgwrsio fe gynigiodd Jimmy fynd â Rich i far Tapas yng nghanol y ddinas, a chytunwyd i fynd. Yno cyfarfu Rich a Mike Auger o Chicago, a'i eiriau cyntaf wrth Rich oedd "Sut wyt ti, Cymro ydw i". Doedd ein Cymro ni methu credu'r hyn oed o'n ei glywed, ac yna daeth Ian O'hannaidh ato, Gwyddel oedd wedi cael ei anfon i'r cyfandir gan ei dad a oedd yn darlithio ym Mhrifysgol Abertawe, ac roedd Ian hefyd

yn siarad Cymraeg. Coblyn o gyd-ddigwyddiad meddyliai Rich – cyfarfod dau ŵr yn Barcelona oedd yn medru iaith y Nefoedd. Ond roedd rhagor o sioc i ddod. Yn y bar bach hwn roedd 'na bymtheg o bobl i gyd yn gallu siarad Cymraeg gan gynnwys dau o Galifforrnia oedd yn llusgo siarad yn hamddenol – rhyw fath o Gymraeg syrffars! Roedd pawb yn y bar wedi cael eu dysgu gan Ian, oedd yn cynnig gwersi am ddim i unryw un yn Barcelona! Roedd Rich, wrth gwrs, wedi gwirioni ei ben ac wedi ymroi i sgwrsio am oriau efo pawb o gwmpas y bwrdd. Wedi hir a hwyr dyma ebychiad o gyfeiriad Jimmy O'Boyle nad oedd wedi deall yr un gair a lefarwyd yn y bar ers oriau, "Fedar rhywun siarad Saesneg yn y lle 'ma?!"

Wrth hedfan adra o Rufain un tro, cafodd Rich sedd ar yr awyren wrth ymyl Sais a aeth i gysgu'n drwm yn syth bin. Yn fuan ar ôl codi i'r awyr, daeth criw yr awyren o gwmpas i rannu *croissants* poeth, ac roedd yr oglau da yn codi blys gynddeiriog ar Rich. Yn y diwedd daeth y *croissants* i'w gyfeiriad a rhoddwyd un iddo fo ac ar fwrdd y cysgadur o Sais. Roedd Rich wedi ei fwynhau gymaint, nes y penderfynodd o fwyta'r un oedd ar fwrdd y cyfaill cysglyd hefyd, ac fel yr oedd o'n gorffen ei lyncu, clywodd lais mawr yn holi "Be ti'n neud?" Roedd y lleidr wedi ei ddal tybiai, a rhaid oedd ymddiheuro. "Mae'n ddrwg gen i," meddai Rich, "o'n i'n meddwl y'ch bod chi'n cysgu". "Na, na," meddai'r Sais oedd heb sylwi ar y *croissants* beth bynnag, "be ti'n neud? Be ydi pwrpas dy daith di?" "O," medda Rich, gan fynd yn ei flaen i egluro'r hyn yr oedd yn ei wneud ar ran *Sgorio*. Wrth wrando, roedd hi'n amlwg bod y cyfaill yn gwirioni am ryw reswm, a'r rheswm hwnnw erbyn deall oedd am ei fod o'n gwylio *Sgorio* bob wythnos o'i ystafell ym Mhrifysgol Keel yn Lloegr. Roedd yna griw yn ymgasglu yn ei lofft bob nos Lun i wylio'r rhaglen ar deledu bychan efo'r aerial wedi ei gosod drwy'r ffenest er mwyn cael llun gwell. Erbyn diwedd y sgwrs roedd y myfyriwr o Keel bron â chusanu'r cariwr o Gaernarfon!

Un arall o'r carwyr sydd wedi bod wrthi ers blynyddoedd ydi Tom Alun Williams, ac mae o'n un arall o hogiau Caernarfon. Mae o'n hoff iawn o adrodd ei hanes yn mynd i'r stiwdio yn Rhufain i nôl tap un tro, ac Enzo y 'guard' yn cynnig gwydraid o win Chianti iddo tra oedd o'n disgwyl. "Na dim diolch," medda Tom, "ond mi gymra i ddŵr os gwelwch yn dda". Yn sydyn dyma Enzo'n tynnu ei wn allan, a dychrynodd Tom am ei fywyd. Roedd o'n meddwl ei fod am gael ei saethu am wrthod gwin! Dyma Enzo'n tynnu'r *magazine* allan o'r gwn, yn gafael mewn potel ddŵr ac yn agor y caead efo'r *magazine* gan ddweud "iechyd da" mewn Eidaleg. Roedd Tom mor falch o gael y dŵr gan ei fod wedi chwysu cymaint yn gweld y gwn!

Wrth ddisgwyl wrth y giât am ei awyren un bore dyma Tom yn clywed y sgrechiadau mwya aflafar yn agosau ato. Yna gwelodd griw o hogiau yn rhedeg i'w gyfeiriad a'r heddlu yn ceisio'u gorau i wneud lle iddyn nhw. Wedi sylwi, roedd yr hogiau yma yn rhannu'r un awyren ag o, ac yna dechreuodd y chwilfrydedd. Ychydig funudau wedi i'r criw yma fynd lawr y twnnel am yr awyren, fe gafodd pawb arall fynd yr un ffordd, ac fe sylwodd Tom wrth gamu i'r cabin fod yr hogia digon blêr yr olwg yn eistedd yn y seddi dosbarth cyntaf. Roedd ei feddwl yn cosi bellach. Ar ôl iddo eistedd yn ei sedd dyma ofyn i'r ferch ifanc oedd wrth ei ymyl beth oedd achos yr holl gythrwfl a'r sgrechian, a phwy oedd y llafnau ifainc yn y seddi dosbarth cyntaf. Edrychod y ferch arno mewn anghrediniaeth llwyr. "Yr hogiau yna," meddai'r ferch gyda chynnwrf yn ei llais, "ydi Take That!!!"

Bob nos Lun am 9.30

www.sgorio.tv
www.s4c.co.uk/sgorio
www.ylolfa.com